幼儿园师幼互动观察与评价

如何使用CLASS与儿童有效互动

胡碧颖 / 著

中国轻工业出版社

图书在版编目（CIP）数据

幼儿园师幼互动观察与评价：如何使用CLASS与儿童有效互动／胡碧颖著.—北京：中国轻工业出版社，2024.3（2025.12重印）

ISBN 978-7-5184-4358-1

Ⅰ.①幼… Ⅱ.①胡… Ⅲ.①学前教育－教学研究 Ⅳ.①G612

中国国家版本馆CIP数据核字（2023）第228631号

保留所有权利。未经中国轻工业出版社书面授权，任何人不得以任何方式（包括但不限于电子、机械、手工或其他尚未被发明或应用的技术手段）复印、拍照、扫描、录音、朗读、存储、发表本书中任何部分或本书全部内容，以及其他附带的所有资料（包括但不限于光盘、音频、视频等）。中国轻工业出版社未授权任何机构提供源自本书内容的电子文件阅览、收听或下载服务。如有此类非法行为，查实必究。

责任编辑：张天怡　　　责任终审：张乃柬
策划编辑：高　君　　　责任校对：吴维斌　　　责任监印：刘志颖

出版发行：中国轻工业出版社（北京鲁谷东街5号，邮编：100040）
印　　刷：三河市鑫金马印装有限公司
经　　销：各地新华书店
版　　次：2025年12月第1版第7次印刷
开　　本：710×1000　1/16　印张：16.5
字　　数：133千字
印　　数：30001—35250
书　　号：ISBN 978-7-5184-4358-1　定价：58.00元
读者热线：010-65181109
发行电话：010-85119832　010-85119912
网　　址：http://www.chlip.com.cn　http://www.wqedu.com
电子信箱：1012305542@qq.com
版权所有　侵权必究
如发现图书残缺请拨打读者热线联系调换
252027Y1C107ZBW

推荐序一

我非常乐意向学前教育同行推荐胡碧颖教授的新作《幼儿园师幼互动观察与评价：如何使用CLASS与儿童有效互动》。我与胡碧颖教授是十多年的研究合作伙伴，深知她在学前教育质量与儿童发展研究领域的深厚造诣和卓越贡献。

本书深入剖析了美国"课堂评估评分系统"（Classroom Assessment Scoring System，CLASS）在中国文化背景和幼儿园教育情境下的适用性问题并介绍了具体的应用方法，为广大幼儿园教育实践者提供了独到而实用的视角。书中通过生动的语言和丰富的实践案例，向读者详细解读了CLASS的十个维度，并深入分析了每个维度的评估目的、理论基础、质量内涵以及具体行为指标的定义。

随着研究与实践的推进以及教育部《幼儿园保育教育质量评估指南》的颁布，我们越来越认识到，师幼互动质量在幼儿园教育质量建构以及促进儿童学习与发展的过程中发挥着至关重要的作用。在本书中，胡碧颖教授对中国文化背景和幼儿园教育情境下的师幼互动情况进行了深刻的反思，为教育工作者更好地提升师幼互动这一关键质量提供了必要的支架和可循的路径。

我非常期待胡碧颖教授的这本新作成为关注我国学前教育质量提升的广大学前教育实践者和研究者的必读之作，相信本书将为推动中国学前教育的高质量发展贡献力量。

李克建

（浙江师范大学儿童发展与教育学院教授，

中国学前教育研究会学前教育评价专委会主任）

推荐序二

作为过程性质量的核心要素，师幼互动质量对儿童学习与发展以及幼儿园教育质量所具有的意义和作用得到大家的普遍认可。近年来，师幼互动质量成为我国学前教育领域科学研究和实践探索的热点话题。教育部颁布的《幼儿园保育教育质量评估指南》强调要加强过程评价，重视活动组织和师幼互动等过程性质量。但是，如何界定高质量师幼互动的特征、如何评估和提升师幼互动质量仍是亟待解决的问题。

胡碧颖教授运用CLASS做了大量的师幼互动研究，获得了丰硕的成果，对师幼互动领域的学术积累和发展做出了卓越贡献。本书的出版恰逢其时。它系统地介绍了CLASS的理论基础和指标体系，结合生动的案例细致地剖析了各指标的内涵、特征和评估要求，为读者理解和应用CLASS来观察与评价师幼互动提供了有益经验，为改善师幼互动质量和评价方法提供了可靠工具，为思考和探索中国背景下幼儿园师幼互动质量的评价与提升提供了独特见解。

很高兴有机会先睹为快！本书是研究和探索师幼互动质量评价与提升的沉淀之作，相信广大幼教工作者和高校师生会在轻松、愉悦的阅读中得到启发和帮助！

潘月娟

（北京师范大学教育学部副教授）

推荐序三

如何提升师幼互动质量和保育教育质量？如何尊重儿童，给予他们情感支持？如何进行班级管理？如何支持儿童学习？……这些是一直以来困扰着每一位有教育理想的一线幼儿园园长和广大幼儿教师的现实问题。

带着对这些问题的思考，凭借着地理优势，我们多次邀请胡碧颖教授来园对全体教师进行 CLASS 系统培训，并以 CLASS 为抓手组织教学观摩活动，推动教师学以致用。欣喜的是，容闳体系幼儿园的 20 多名园长和骨干教师在胡碧颖教授的指导下顺利通过了 CLASS 考试，并获得由 CLASS 官方认证机构——美国 Teachstone 公司——颁发的 CLASS 观察员证书。

当胡碧颖教授邀请我为本书写推荐序时，我深感荣幸，也非常乐意将它推荐给广大的幼儿园园长和一线教师。在现阶段我国学前教育普及普惠的背景下，大多数幼儿园面临着班额庞大、教师专业能力不足、教育资源有限等多重压力。胡碧颖教授对中国的学前教育观察细致，她充分考虑了文化差异和实际操作中面临的挑战，通过理论解读和案例分析，指导一线教师如何在有限的条件下为儿童提供情感支持、提升管理效率、支持儿童学习。

幼儿园保教质量的提升没有捷径，而本书为我们提供了具有本土文化适宜性、可操作性的工具和策略。它对我们来说不仅是一种理念的启迪，还是一份可执行的路线图，更是提升师幼互动质量的一个"杠杆点"，将助力我们朝着学前教育高质量的未来迈进。

李毅

（珠海华发容闳幼儿园园长，

广东省基础教育系统名校长）

前　言

我和美国"课堂评估评分系统"（Classroom Assessment Scoring System，CLASS）的缘分始于2012年我来澳门大学工作。那时，我刚完成了一项研究——对美国北卡罗来纳大学弗兰克·波特·格雷厄姆（Frank Porter Graham，FPG）儿童发展研究中心的特尔玛·哈姆斯（Thelma Harms）、理查德·M.克利福德（Richard M. Clifford）和黛比·克莱尔（Debby Cryer）教授编写的《幼儿学习环境评量表》（Early Childhood Environment Rating Scale，ECERS）进行细致的中国本土化分析。这项研究的成果发表在重要的国际学前教育期刊——《幼儿教育研究季刊》（*Early Childhood Research Quarterly*）上。在对这个评估量表的本土化结构效度进行验证时，我发现它的两个因子（因子一是指为儿童的学习和游戏提供的环境，因子二是指教学与互动）中只有第二个因子与所测量的儿童各方面发展的变量产生了关联效果。也就是说，代表过程性质量的师幼互动与儿童的发展有直接的联系。由此，我们可以理解为，师幼互动质量才是中国幼儿园质量的核心，比起铺垫作用的学习环境质量更为关键。此时，我开始把目光投向具有文化普适性且有深厚的儿童发展理论作为支撑的幼儿园师幼互动质量评估上，并将CLASS锁定为最佳选择。2008年，它由美国学者罗伯特·C.皮安塔（Robert C. Pianta）教授所带领的团队研发推出，并在学前教育研究领域成为备受学者们青睐且得到大量实证支持的有效工具。2014年，美国大部分州已经将它首选为幼儿园等级评定中评估师幼互动质量的工具。此外，研究者在对教师培训进行研究的过程中发现，围绕CLASS研发的师幼互动质量提升课程给一线教育工作者带来了实质性帮助，因此受到他们的欢迎。幸运的是，当时我的研究团队的引路人——时任澳门大学教育学院的范息涛院长——与CLASS的研发者有过紧密的合作关系，因此我被引荐给皮安塔教授的团队，并在很短的时间内被训练成CLASS的培训员。

接下来，我在广东省开展了全国首例关于学前教育质量与儿童发展的追踪研究。这项追踪研究长达八年，皮安塔教授的团队在这个过程中给予了我们很大支持，并且一直与我们保持着密切的联系。这项追踪研究是对CLASS在中国本土化的系统检验，并取得了很多开创性成果。它也为如何在中国应用CLASS，从而帮助广大幼儿园教师提升教学质量提供了具有实际意义的启发。至于相关资料，感兴趣的读者可以阅读我的另一本书《学前教育质量评价：研究与实践》[①]。

可能会有很多中国学者对CLASS的本土文化适宜性有所质疑。我赞赏这样的态度，因为质疑可以推动研究的进程。任何工具都不是完美的，都有待人们不断深入地研究它。此外，随着时代的变迁，人们对于高质量幼儿园内涵的理解也会发生变化。正如在20世纪80年代，《幼儿学习环境评量表》被认为是最能代表当时专业人员对幼儿园质量的内涵进行建构以及提升的途径，但是在二十几年后，它被发现已经不具备这样的敏感性了，所以能够更好地代表幼儿园质量核心特征的CLASS应运而生，并且在如今的幼儿园质量评估与提升中扮演了重要的角色。

毋庸置疑，CLASS可以帮助我国幼儿园教师更好地了解自己的教学质量，它是提升师幼互动质量的一个杠杆点。通过CLASS的视角，我们能够透视我国幼儿园班级师幼互动的特质，而教师们也迫切地需要认识自己的教学行为的独特性及其背后的文化或社会原因。有学者认为，我国幼儿园的文化特色太强，不适合应用CLASS来评

---

① 该书已由北京师范大学出版社于2021年出版。

估其质量。其实不然。这涉及对我国学前教育的本土化教育理念到底是什么的争议。我国的幼儿园也在大力推广以儿童为中心的教学，美国的幼儿园里尤其是大班也在开展以教师为中心的集体活动。因此，无论什么样的课程模式，CLASS 都超越了其限制，可以帮助我们科学地审视以及提升师幼互动的水平或教学的有效性，从而更好地落实具有本土文化特色的优质学前教育。

CLASS 值得我们了解和应用，也值得我们借助它提出更有价值的关于师幼互动的研究问题。自我国教育部于 2022 年 2 月颁布《幼儿园保育教育质量评估指南》以来，幼儿园纷纷对如何提升师幼互动质量进行了探索，而我撰写此书就是为了助大家一臂之力！本书导言阐述了中国文化情境下幼儿园班级师幼互动的特点与 CLASS 的中国文化适宜性问题；第一章至第九章围绕 CLASS 的十个维度，用生活化的语言分别介绍了每个维度的主要评估目的和理论基础、组成每个维度的各个指标的含义，以及构成每个指标的具体行为指标的定义。每章均通过案例帮助读者深入理解每个行为指标的内涵，同时运用录像文本，指导读者练习运用指标与行为指标进行案例分析。通过这样的练习，读者可以快速掌握 CLASS 的内涵和具体操作方法，并且学以致用。第十章提供了两个综合案例供大家参考，这些案例是由接受过 CLASS 培训的博士研究生与本科生撰写的。

最后，感谢 Teachstone 公司将我培训成 CLASS 工具培训师和"班级互动最大化"（Making the Most of Classroom Interactions, MMCI）课程培训师。本书第 31 页、42 页、57 页、93 页和 126 页的案例来自 MMCI 培训课程资料。

由于本人水平有限，疏漏和不足之处在所难免，恳请广大读者批评指正。

胡碧颖
2023 年 6 月于澳门大学教育学院

目 录

推荐序一 / I

推荐序二 / III

推荐序三 / V

前　言 / VII

导　言　中国文化情境下的班级师幼互动特点 / 1
　　　　CLASS 是什么以及它是如何架构的 / 6
　　　　使用 CLASS 的好处是什么 / 11
　　　　学习本书后可以进行质量评价吗 / 12

第一章　积极氛围维度的解读与案例分析 / 17
　　　　人际关系 / 20
　　　　积极的情感 / 22
　　　　积极交流 / 23
　　　　尊重 / 24

第二章　教师敏感性维度的解读与案例分析 / 33
　　　　意识 / 35
　　　　回应 / 40
　　　　关注问题 / 43
　　　　儿童的自在表现 / 44

第三章　关注儿童观点维度的解读与案例分析　/ 49

灵活性和儿童关注点　/ 52

支持自主和领导　/ 54

儿童表达　/ 56

对行动的限制　/ 57

第四章　行为管理维度的解读与案例分析　/ 65

清晰的行为期望　/ 67

前瞻性　/ 70

纠正不良行为　/ 74

儿童行为　/ 77

第五章　管理效率维度的解读与案例分析　/ 83

使学习时间最大化　/ 84

常规　/ 87

过渡环节　/ 89

准备　/ 92

第六章　教学指导形式维度的解读与案例分析　/ 97

有效的促进　/ 101

形式和材料的多样性　/ 102

儿童感兴趣　/ 105

对学习目标的澄清　/ 106

第七章　认知发展维度的解读与案例分析　/ 113

分析和推理　/ 119

对创造力的挖掘　/ 126

融会贯通　/ 129

与现实世界相联系 / 131

第八章 反馈质量维度的解读与案例分析 / 141
支架 / 150
循环反馈 / 152
促进思考过程 / 156
提供信息 / 158
鼓励和肯定 / 160

第九章 语言示范维度的解读与案例分析 / 173
频繁的对话 / 176
开放式问题 / 180
重复和扩展 / 182
自我对话和平行对话 / 183
高级语言 / 185

第十章 综合案例分析 / 191

参考文献 / 241

导言　中国文化情境下的班级师幼互动特点

"胡老师，我想向您请教一个问题。您研究师幼互动质量这么久，而且在美国学习、工作很多年，对中美的文化和制度体系都很了解，您觉得与英国和美国等国家相比，我国对师幼互动质量有什么独特的期望和要求呢？"

当北京师范大学的潘月娟老师提出这个问题时，我一下子竟不知从何说起。我的确有关注美国的CLASS在中国幼儿园的适用性问题，尤其是最近几年，我开始从事培训中国幼儿园教师使用CLASS评估师幼互动质量的工作。在这个过程中，当我讲解CLASS的具体指标以及如何运用这些指标来提升师幼互动的质量时，经常会涉及中美文化差异的问题。CLASS是由美国的皮安塔教授团队研发的。他们在对"什么是有效教学"的前期研究进行总结的基础上，在对幼儿园质量与儿童发展关系进行全国性、大规模的长期追踪研究中，对幼儿园班级质量的内涵做了观察和分析，并基于此研发了这个系统。这个系统主要用于在美国各州的幼儿园等级评定中评估班级的师幼互动质量。目前，美国和世界上其他很多国家的学者都在研究中运用了CLASS。此外，在美国，以此系统为基础研发的教师培训课程得到了有效性验证，并在各州的职后师资培训中得到广泛推广。皮安塔教授团队在研发这一系统时所依赖的如何促进儿童发展的理论基础是被全球学者广泛接受的，而且这些理论在不同国家和不同文化的研究中都被验证了有效性。但是，因为CLASS的研发基地是美国的幼儿园，所以其准则中描述的观察和评估经验都来自美国。当我国掀起幼儿园质量评价与提升的热潮，尤其是师幼互动质量的评价与提升热潮时，一线幼儿教育工作者和研究人员把目光投向了这个系统，在欣喜于该系统拥有的巨大潜力的同时抛出了一个疑问：这个在美国文化背景下产生的系统可以用来评估和提升中国文化情境下的幼儿园班级师幼互动质量吗？

中美两国幼儿园的教育目的因为文化不同而产生的差异大吗？我想，不同文化背景下的教育目的多多少少存在一些差异。即使是同样的教育目的，其展现的方式也可能很不一样。比如，中美两国文化下的家长都爱自己的孩子，这一点毋庸置疑。但是，他们爱孩子的方式一样吗？中国的很多家长可能会尽己所能地为孩子创造良好的物质条件，同时把自己实现不了的梦想强加给孩子。他们可能对孩子说："你要好好学习，这样长大后才能有出息或者有好工作。""爸爸妈妈小时候的生活条件不好，没能好好读书，所以我们现在这么辛苦工作都是为了供你读书，希望你能接受良好的教育。你如果不好好学习，怎么对得起我们？"美国的很多家长爱孩子的一种表现，则是支持孩子拥有自己的想法和追求。这样的差异导致成人与孩子的互动模式存在巨大的不同。就像我们对某人的态度不同时，我们之间的互动模式也会产生差异一样。比如，如果你非常崇拜你的领导，那么你与他互动时会是什么样的情形？同样是这位领导，当你们之间因为误会或者利益冲突而产生矛盾时，你们之间的互动场景又是怎样的？你可能对他避而不见，实在避之不及时互动的时间也会很短，更别提通过深度对话给你的工作带来帮助了。由此及彼，中美幼儿园的师幼互动特征或者模式的不同，很大程度上是由教育的目的和相关理念的不同造成的。

回到CLASS上，事实上对比中美幼儿园教师的行为，我们不难发现，因为文化造成的差异是存在的，虽然有些差异很微妙。比如，CLASS有一个指标叫"尊重"，它表现为师生关系良好时教师和儿童之间的相互尊重。中美两国幼儿园教师都会通过谦逊的微笑体现对儿童的尊重——这是他们之间的共同点。但是，因为他们有关平等和自由的观念不同，所以尊重儿童的方式也相应地不同。比如，美国的幼儿园教师会更自然地给儿童提供选择的机会，从玩什么、跟谁玩到怎么玩都尊重儿童的意见。对中国的幼儿园教师而言，他们以儿童为中心的教育观和教育意识虽然在逐年增强，但在实践中会或多或少地存在"控制儿童的思想与选择"的现象。如果你想知道自己在多大程度上支持儿童的独立与自主，那么你可以问问自己：在一天的活动中，班里的孩子有多少独立做选择的机会？在一些口头上宣称自己正在实施"以儿童为中心"理念的幼儿园里，班级教师居然把所有的材料都藏在柜子里。试问，在这样的教室里，儿童连选择游戏材料的机会都没有，更何况做决定的机会呢！根据我的经验，在这种环境和课程设计下进行的师幼互动与那种为儿童提供了大量自主机会的师幼互动相比，无论是在广度还是深度上都有很大的不同。

我真心希望，我们的孩子有更多的自己做主的机会，这样他们才有动机发起互动。我们中的很多人从小接受的教育就是在家听父母的话，在学校听老师的话。我的母亲总是打着"父母是为孩子好"的旗号替我决定生活中所有的事情——小到饮食起居，大到婚姻就业甚至宗教信仰。就在昨天，我们为了要在新房的壁炉上摆什么而发生了争吵，她把我摆放的工艺品拿走，换上了她喜欢的装饰物。我终于忍无可忍，告诉她我的家怎么摆设应该由我做主。大家由此可以想象，理念不同的师幼互动会有怎样的差异。正如我的母亲，她为了控制孩子的决定和选择，用操纵性的口吻说教，而恰恰是这种口吻让我厌恶和无法接受。同样，当一位教师带着"你是错的，我是对的，因为我是老师"的姿态和口吻与儿童互动时，他能在多大程度上愿意倾听儿童的真实想法，而儿童又在多大程度上愿意分享自己的想法和看法呢？

对于由文化差异带来的师幼互动的不同，我就点到为止。接下来，我想谈谈幼儿园本身的课程设置和不同理念引领下的不同教育方式如何对师幼互动的质量产生影响。从课程标准、发展指南、质量标准的角度看，我国很多幼儿园借鉴的是以美国为代表的西方国家的儿童观和课程观。但是，我们检验理念要从实践中去反推，而不是单纯地停留在口号上，因为口号往往很空洞。我国的文化学者余秋雨先生在谈到中国文化的优势和缺点时指出，中国文化缺少实证意识，并给出了具体建议以弥补这一缺点，那就是多用基于行动的词汇。关于这一点，我个人深有体会。我遇到的有些中国学者、学生和教师的一个共同特征就是在谈到自己的教育观念时，他们谈论得很空洞，不是基于自己的实践或者具体的行为，更甚者表面说的是一套而做的是另一套。比如，在学前教育实践中，以教师为中心的集体活动明显为主要形式。虽然我秉持的教育理念是学前教育实践应以儿童为中心、以游戏为主，但我并非不接受集体活动。恰恰相反，我认为二者都有必要。我所难以接受的是，教师们混淆自己的理念与实践，或者说得直白一点，根本没有好好想过自己的理念是什么。在这样的情况下，师幼互动的质量也会跟教师的理念一样不明不白，停留在肤浅的表面。

无论是集体活动还是由儿童发起的活动或项目学习，当幼儿园教师带着"我想帮助儿童理解不同的观点或者现象"的目的与儿童进行互动时，他会如何做呢？有如此动机的教师不会急于向儿童灌输"标准答案"，而是会暂时搁置自己的课程进度，坐下来，给儿童百分之一百的注意力。他会倾听儿童的想法，无论这个想法是什么，只要儿童愿意表达和能够表达就是最好的答案。即使在集体活动中，他也会平衡自己的讲和儿童的说，尽量让自己跟着儿童的步伐去解说课程中涉及的主要概念。讲多讲少都取决于儿童当下的兴趣点，而教师所讲的话都代表他自己内心的真实想法，如果不是宁可不讲。

当教师带着"我想提升儿童的语言理解和表达能力"的目的与儿童互动时，他会怎么做呢？首先，教师会下意识地多说话，也会通过各种办法鼓励儿童多说话。CLASS 可以帮助教师回顾自己已有的关于鼓励儿童说话的策略，比如，通过有趣的材料吸引儿童说话和重复，并拓展儿童的语言。同时，它还可以激励教师有意识地拓宽策略，比如在观看儿童的游戏时使用"平行语言"，即教师用自己的话语对儿童的行为进行描述，这一策略被研究证实可以提升儿童的语言能力。又如，很多教师在使用一些对儿童而言比较高级的词汇时，没有意识到要将这些高级词汇与儿童能够理解的语言、想法结合起来。比如，当教师说"毛毛虫吃了各式各样的食物"时，最好向儿童解释："各式各样就是指食物的种类很多，有水果、乳酪、冰激凌等。"教师的解释将这个词语与儿童的生活经历联系起来，这样一来，儿童在听到这个词语后非但不会把它忘记，反而会把它变成自己词库中的一员。

很多幼儿园教师知道，给儿童提供反馈对他们的学习非常有帮助。可是，他们往往停留在对儿童的答案给予"对"或"错"的反馈层面上，至于进一步解释它为什么"对"或"错"以帮助儿童深入理解概念的反馈却不多见。由此可见，教师对反馈策略的使用非常有限，且效果也不是很好。在幼儿园的英语教学中，教师常常介绍押韵这个概念，比如，告诉儿童 hat（帽子）和 bat（球棒）是两个押韵的单词，但没有解释它们为什么押韵，导致儿童只知其一、不知其二。如果教师能够向儿童具体解释这两个单词的中间和最后的音一样，所以是押韵单词，那么就可以加深儿童对押韵概念的理解，这对他们的学习是极有帮助的。

同样，当教师的目的是培养儿童的推理能力和解决问题的能力时，他就会擅长运用提问和反馈策略来引导儿童，抓住一日活动中的教育契机制造问题并把问题灵活地抛给儿童，让他们成为逻辑思维的主人，进而越来越善于思考和解决问题。这样的教师即使在儿童给出了正确答案后也不会满足，而是会追问："你是怎么想到这个答案的？""你为什么认为这是……"

类似的例子不胜枚举，我会在接下来的十章具体阐述这些策略。总而言之，高质量的师幼互动是在教师的科学理念和科学目标的引领下开展的。

CLASS 是什么以及它是如何架构的

CLASS 是一个由三个领域（情感支持、班级管理和教学支持）和十个维度（积极氛围、消极氛围、教师敏感性、关注儿童观点、行为管理、管理效率、教学指导形式、认知发展、反馈质量、语言示范）构成的观察性评估系统。其中，情感支持是指教师的某些具体教学行为能够帮助儿童建立温馨、支持性的关系，体验学习中的愉悦和兴奋，在教室中感到舒服自在，并且能够获得程度适宜的独立性和自主性体验。班级管理是指帮助儿童发展并掌握管理自己行为的技能，让他们每天最大限度地进行学习，保持对学习活动的兴趣。教学支持是指教师的教学实践能够促进儿童的认知和语言的发展。

研究人员在不同国家的上千间教室中所进行的研究显示，在CLASS 评分较高的班级中，儿童在语言、数学和早期识字方面获得了更好的发展。我的研究团队在广东省开展的一项大型追踪研究中也得到了类似的结论。同时，相比同龄人，这些儿童在认知和社会性方面表现出更加积极的发展。我的研究涵盖多种类型的教师、儿童以及学前教育机构，研究结果表明 CLASS 所测量的班级师幼互动类型在不同类型的幼儿园班级活动中均是有效的。

CLASS 为 7 分制：1—2 分代表低级互动水平，3—5 分代表中级互动水平，6—7 分代表高级互动水平。至于如何判定低级水平、中级水平和高级水平，CLASS 的研发者们在其出版的细则里进行了非常详细的介绍。在这里需要指出，准确判定互动水平的前提是评估者对每个维度的指标（即主要评估的质量概念或内涵）有深入到位的理解，更重要的是对指标（质量概念）的具体行为（也就是具体的互动策略）有精准的识别能力（见表1）。

表1 CLASS的构成

领域	维度	指标	行为描述
情感支持	积极氛围	人际关系	• 身体上的接近 • 分享活动 • 同伴支持 • 匹配的情感 • 社会性交流
		积极的情感	• 微笑 • 大笑 • 热情
		积极交流	• 口头表达情感 • 通过身体行为表达情感 • 积极的期望
		尊重	• 目光接触 • 温和、平静的声音 • 表示尊重的语言 • 合作与分享
	消极氛围	消极的情感	• 易怒 • 愤怒 • 语气严厉 • 同伴攻击 • 不断加剧的消极情绪
		惩罚性控制	• 大叫 • 威胁 • 身体控制 • 严厉的惩罚
		讽刺或不尊重	• 讽刺 • 嘲笑 • 羞辱
		严重的否定	• 欺骗 • 恃强凌弱 • 身体上的惩罚

（续表）

领域	维度	指标	行为描述
情感支持	教师敏感性	意识	• 对问题有预期并制订恰当的计划 • 意识到理解不足或困难
		回应	• 认可情绪 • 提供安慰和帮助 • 提供个别化支持
		关注问题	• 及时提供有效的帮助 • 帮助解决问题
		儿童的自在表现	• 寻求支持和指导 • 自由参与 • 承担风险
	关注儿童观点	灵活性和儿童关注点	• 展现出灵活性 • 结合儿童的想法 • 遵从儿童的领导
		支持自主和领导	• 允许儿童选择 • 允许儿童主导课堂 • 让儿童承担责任
		儿童表达	• 鼓励儿童交谈 • 引导儿童的想法或观点
		对行动的限制	• 允许移动 • 不刻板
班级管理	行为管理	清晰的行为期望	• 清晰的期望 • 一致性 • 澄清规则
		前瞻性	• 预测问题行为或避免问题行为恶化 • 反应性低 • 监控
		纠正不良行为	• 有效减少不良行为 • 关注积极行为 • 使用微妙的暗示纠正行为 • 高效的纠正
		儿童行为	• 高频率的顺从 • 很少攻击和反抗

（续表）

领域	维度	指标	行为描述
班级管理	管理效率	使学习时间最大化	• 提供活动 • 完成活动后可以选择 • 很少干扰 • 有效完成管理任务 • 有节奏
		常规	• 儿童知道要做什么 • 清晰的指导 • 很少走神
		过渡环节	• 简明扼要 • 明确下一步 • 蕴含学习机会
		准备	• 材料准备好且易拿取 • 了解课程
	教学指导形式	有效的促进	• 教师参与 • 有效的提问 • 扩展儿童的参与
		形式和材料的多样性	• 听觉、视觉及运动机会的范围 • 有趣且富有创造性的材料 • 操作的机会
		儿童感兴趣	• 积极参与 • 倾听 • 集中注意力
		对学习目标的澄清	• 先行组织者策略 • 总结策略 • 重新引导式陈述
教学支持	认知发展	分析和推理	• 问有关"为什么"和"怎样"的问题 • 问题解决 • 预测和实验 • 分类和比较 • 评价
		对创造力的挖掘	• 头脑风暴 • 计划 • 实施计划

（续表）

领域	维度	指标	行为描述
教学支持	认知发展	融会贯通	• 将不同的知识点联系起来 • 与先前的知识相联系
		与现实世界相联系	• 在现实世界中的应用 • 与儿童的生活相联系
	反馈质量	支架	• 暗示 • 帮助
		循环反馈	• 来回交流 • 教师的坚持性 • 后续问题
		促进思考过程	• 要求儿童解释思考过程 • 质疑儿童的反应和行为
		提供信息	• 拓展 • 澄清 • 具体的反馈
		鼓励和肯定	• 认可 • 强化 • 儿童的坚持性
	语言示范	频繁的对话	• 来回对话 • 即时反应 • 同伴交流
		开放式问题	• 需要更多词汇作答的问题 • 儿童的反应
		重复和扩展	• 重复 • 扩展
		自我对话和平行对话	• 使用语言描述自己的行为 • 使用语言描述儿童的行为
		高级语言	• 词汇的多样性 • 与熟悉的词汇或想法联系起来

　　本书的目的不是培训你如何精准打分，而是帮助你精准地理解师幼互动质量的内涵并了解相应的互动策略。做到了这一点，你

也就找到了提升师幼互动质量的"钥匙",打开了高质量师幼互动的"宝库之门"。如果想要更进一步了解建构CLASS的理论依据和研究背景,推荐你阅读我的另一本书《学前教育质量评价:研究与实践》。

使用CLASS的好处是什么

很多园长和教师可能会问,CLASS相比其他工具有什么优势吗?也就是说,CLASS到底好在哪里?为什么值得我们使用呢?就像没有完美的人和完美的学校一样,我们的学前教育质量评价领域也没有完美的工具。但是,在这些不完美的工具中,CLASS是相对完美的一个,它可以助力我们提升幼儿园的核心质量,主要理由如下。

第一,在学前教育领域,因为儿童年龄的特殊性,所以很容易引发各种声音。很多商业机构抓住了父母"望子成龙,望女成凤"的心理,推销各类所谓的早期教育产品。个别学者在这个发展迅速的年代无心学术,在没有扎实地研究和实践的基础上就去推广一些课程或者实践方法。这些杂乱的声音和没有经过仔细过滤的输出与推广,对我国学前教育迈向高质量发展是非常不利的。所以,这时候就特别需要包括研究者、教师、园长和政策决策者在内的专业人员对什么是高质量的中国学前教育达成共识,从而形成共同的理论视角和共同的评估语言,避免"公说公有理,婆说婆有理"的现象。因此,CLASS是一个可以帮助大家达成共识的系统。

第二,CLASS可以在幼儿园教师学习观察师幼互动和提升师幼互动质量方面给予实际的指导。作为幼儿园教师,我们除了需要明白一大堆道理——教育理论之外,更需要看到什么是好的教育实践,这样才能在自己的教育教学中落实这些好的做法。CLASS就是这样一副帮助大家"看得见"的眼镜，每位幼儿教育从业者都应该配备一副，即使不是每天佩戴，至少也要随身携带，以备不时之需。

第三，CLASS经得起研究和实践的检验，也经受得住时间的考验。对于美国的《幼儿学习环境评量表》，想必大家都很熟悉。它于20世纪80年代初在全美推广，在"保障基本有质量的学前教育"方面起到巨大的推动作用，至今仍然是全美幼儿园质量评价和提升体系里面一个用于评估环境和课程质量的重要工具。在这个量表刚流行的初期，我们通过查阅文献发现，它所反映的幼儿园质量存在一定的差异，而且整体上也有提升空间。也就是说，在20世纪80年代，当你观察美国的幼儿园时，你会发现，有的幼儿园无论是户外游戏场所还是室内区角，其设施都非常齐全，材料丰富多彩、极具吸引力，同时教师也能引导儿童开展有助于促进他们各方面发展的讨论；而有的幼儿园无论在设施、材料还是教师指导方面都逊色很多。但是，经过几十年的努力，这种差距已经明显缩小。从目前已有的文献数据看，《幼儿学习环境评量表》的平均分提高到了优良水平，很多美国幼儿园可以继续提升的空间不大了。CLASS则恰恰相反，从评估得到的总平均分看，即使最高水平的幼儿园也只有中级质量水平，提升的空间与潜力很大，尤其是在教学支持领域。CLASS的指标、内涵和具体策略为我们如何提升师幼互动质量指明了方向，另辟了蹊径。

学习本书后可以进行质量评价吗

研发CLASS的一个目的是评估幼儿园班级的师幼互动质量，评估所得的分数也就是每个维度的得分可以用来计算三大领域的平均分，甚至可以得出一个总体互动质量的平均分。这些分数在美国的幼儿园质量等级评定和提升体系中被广泛应用。那么，具体是怎么应用的呢？它与幼儿园的质量等级评定和提升有什么关系呢？

我们以美国弗吉尼亚州的幼儿园质量评估与提升体系为例进行说明。如果你查看弗吉尼亚州教育部的官方网站就会发现，幼儿园按照质量水平高低被分为五个等级——从最低水平的第一级到最高水平的第五级。这个等级评定的内容一般由材料审核（在第一级至第三级评估中使用）和现场课程实施与教学（在第四级和第五级评估中使用）两部分组成。当幼儿园通过第三级评估后，其中一个要求就是要学习《幼儿学习环境评量表》和CLASS，并且要上交运用这两个工具做的自评结果和如何提升相关质量的计划报告。在对幼儿园进行第四级和第五级评估时，《幼儿学习环境评量表》和CLASS的专业评估人员需要亲临现场进行几小时的评估和采访，然后得出相关分数，进而决定是否给予幼儿园第四级和第五级的资格或称号。事实上，能够被评为第四级和第五级的幼儿园非常少。三年前，我查到的数据是不到2%，但是最近三年，我们尚未得到可靠的数据作为参考。

在对幼儿园进行现场评估时，《幼儿学习环境评量表》和CLASS的评估人员都是经过培训且获得考核认证的专业人员。CLASS评估人员的认证培训是由CLASS的研发者或其所开设的考证与培训公司（Teachstone Inc.）组织的。认证培训分为普通观察者培训和CLASS评估员培训师的培训。我个人于2014年联系了这家公司，邀请其工作人员来中国澳门给我和我研究团队中的人员进行了为期4天的培训。在培训结束后的一个月里，我们的18名研究人员都顺利通过了考核，成为有资质的CLASS打分人员。但是，这个资质的有效期仅为一年，之后每一年都要继续接受考核（不用参加培训）才可以延续打分员的资质。幸运的是，在范息涛院长的支持下，我去美国接受了评估员培训师的培训，这样我就一劳永逸地拥有在本单位、本地区和我的研究范围内做CLASS评估员培训的资格。当然，这类资质的培训费用高昂。不过，近年来我每年都至少举办一次CLASS评估员培训，培养了一批观察评估人员。

本书在很大程度上是对我过去九年来的CLASS培训经验的总结，当然也融入了我十几年来的研究成果和对实践的思考。有人问，是否学习了本书就可以获得观察者评估资质呢？很遗憾，如果仅仅是学习这个工具的内容，那么是无法获得美国公司颁发的观察者证书的，因为只有参加了他们组织的培训和考核，证明你已经通过观察者一致性的考查，也就是说你的评分结果和CLASS研发者的评分具有一致性，你才可以获得这个证书。

关于使用CLASS对幼儿园师幼互动质量打分的规则，CLASS的手册里有明确的规定，大家可以自行参考。对于某些科研单位，比如学前教育质量检测和指导中心，我觉得相关人员有必要接受一下打分训练。对普通的幼儿园教师而言，重要的是解读这个系统，理解它的每个指标内涵和在实践观察中的具体表现，只有这样才能给自己的师幼互动水平提升带来实际的指导作用，这也是我撰写本书的目的。毕竟，仅仅一个分数又能帮助我们什么呢？它就像儿童的智商分数一样，本身并不能告诉我们如何教这名儿童。归根到底，我们还是要将具体的情境以及情境中的教师行为和儿童反应作为提升师幼互动质量的突破口。

本书最大的用处是帮助广大的幼儿园教师理解CLASS师幼互动指标和具体策略的内涵以及在教室中的具体表现，包括中美不同文化情境下的幼儿园班级师幼互动景象。我站在幼儿园教师的视角，基于对他们的教学经历的理解进行了阐述。虽然这不是一部学术性著作，但是它融入了很多理论与研究发现的精髓。我将专业术语的外壳去掉，用朴实的生活化语言进行表达，以便大家可以直接品尝果实。所以，在阅读本书时你会发现，这些师幼互动的质量指标并不陌生，你会很有亲切感。对于这些指标的内涵，我不仅剖析了其背后的理论，还结合幼儿园和日常生活情境中的例子用自己的语言进行了解读。这样的解读在CLASS的培训中是不涉及的，因为他们假设学员们已经具备了这个专业基础。然而，对我国的教师来说，如果没有在美国的幼儿园工作过，也没有阅读过英文的专业文献，那么这个假设对他们是不公平的。当然，无论是CLASS的研发者还是CLASS的培训机构，他们在研发这个系统和进行培训时做这样的假设是合情合理的。

我在美国学习和工作了多年之后来中国澳门大学任教。在澳门大学工作的这十多年间，我运用CLASS追踪研究了幼儿园质量对儿童发展的短期和长期影响。这项开创性研究历时八年多，对什么是有质量的中国学前教育、质量的内涵对儿童不同方面发展的作用以及影响机制等一系列问题进行了探索。在开展这项研究的过程中，我培训了大量的研究人员成为CLASS的合格观察员，同时，也启动了几个关于运用这一系统帮助教师提升师幼互动质量的项目。这些经历让我能够学贯中西、理论结合实践，也赋予了作为教育培训者和研究者的我撰写此书的信心。

最后，本书中丰富的案例剖析为幼儿园教师如何应用CLASS做出了示范，也帮助他们对自己和别人的教学进行客观的观察和反思。这种观察与反思能力的培养将最大限度地帮助你成为高效的教师。这也是本书的使命。只有当你审视自己的教学时，你才能更好地梳理自己的理念，明确自己的目标。在这样的良性循环下，你将加快实现师幼互动水平的不断提升。无论你在什么性质的幼儿园工作，也无论你的教育理念、课程如何，本书都将助力你与儿童建立温暖、积极的关系，并在这种关系中实施高质量的学前教育！

第一章

积极氛围维度的解读与案例分析

- 人际关系
- 积极的情感
- 积极交流
- 尊重

一说到积极氛围，就离不开对依恋理论的探讨。该理论认为，儿童与父母及其他重要的成人（包括教师）之间的依恋关系对其学习行为有着重要的影响。当儿童与成人形成安全型依恋关系，心理上拥有较强的安全感时，他们就会把成人当作安全基地，从而更大胆地探索学习环境、尝试新任务或新事物、不害怕失败。这使儿童获得了更多的探索和学习机会，为其认知、动作、社会性和情感的良好发展奠定了基础。在学术界，对于班级积极氛围的研究，大多数聚焦于师生关系与儿童的学业成就、社会性发展之间的关系。研究发现，当儿童高兴且放松地与他人互动时，他们的学习动机更强，很兴奋地参与活动，收获更多与课程相关的知识。在一个有关师生关系与学生学业投入、学习成绩关系的元分析研究中，研究者将从幼儿园大班到中学的孩子作为研究对象，在综合分析了 99 项研究发现的基础上得出以下结论：积极、良好的师生关系与儿童的语言、数学学习成绩有轻度至中度的正向关系（Roorda，Koomen，Spilt，& Oort，2011）。我在广东省就学前教育质量与儿童发展所做的追踪研究中也得到了类似的发现，即良好的师生关系对儿童的学习品质、社会性和学业发展有积极的促进作用。为了探索师生关系与儿童的社交技能发展之间的关联性，我们进行了三年的追踪分析，以验证三种理论模式或者三种假设：①关系驱动模式，即良好的师生关系有助于儿童发展良好的社交技能；②互相影响驱动模式，即儿童的社交技能与师生关系之间相互影响，也就是说良好的社交技能会促进师生关系，反之亦然；③儿童驱动模式，即只有儿童具备良好的社交技能，才能产生良好的师生关系。请你猜猜看，我们分析得出的结论支持以上哪种理论模式呢？

　　大部分人选择了第二种理论模式。可是，事实上，我们的数据分析得出的结果是第三种理论模式，也就是说，儿童驱动的效应总体上强过关系驱动的效应。换言之，当儿童具备较强的社交能力时，他们与教师的关系是良好的。很多教师无法接受这样的结论。的确，这一结论让我们感到羞愧：作为教师，我们非但没有通过运用有效的情感支持策略帮助儿童发展社交技能，反而被儿童驱动着。在幼儿园的班级里，儿童接受的一个重要信息往往是："我要听从老师的指令，要学会察言观色，这样老师才会喜欢我。"我想，这项研究印证了这一现象，也突出了积极氛围这一维度的重要性。

积极氛围是 CLASS 中的第一个维度。为什么把它列为第一个维度呢？因为对教师而言，营造良好的氛围是开端，也是基础，就像建造房子打地基一样。基础打得越扎实，上面的建筑物就越稳固，也就越有延展的空间。

我们每个人都可以自问一下：如果我是一个孩子，我希望生活在一个什么样的班级氛围中呢？我想，很多人可能会回答"教师很温柔，并且公平地对待每个孩子""教师与孩子之间彼此尊重""在班级里感觉轻松自在，没有压力"……这些都是对积极氛围的良好注解。积极氛围，顾名思义，就是积极的或者好的氛围。施穆克（Schmuck, 1968）这样定义积极氛围："学生之间互相支持，希望每个人都做得出色；同伴之间和师生之间彼此影响；整个群体具有很强的凝聚力；有清晰的行为要求，但又允许每个人有自己的特点；班级成员之间以开放的对话式交流为主要交流形式。"

从这个定义看，积极氛围强调师生之间以及同伴之间彼此支持、尊重和包容，建立开放、和谐、亲密的互惠式关系。

在 CLASS 的研发者们看来，积极氛围反映了教师与儿童、儿童与同伴之间的情感联结以及双方通过口语和肢体语言所传递的温暖、尊重和愉悦。说得通俗一点，师生之间、同伴之间拥有良好的关系，他们的情感是有联结的，孩子喜欢和老师待在一起，老师也喜欢和孩子一起活动。

表 1.1 所展示的是积极氛围维度的具体指标。

表 1.1　积极氛围维度的指标

指标	人际关系	积极的情感	积极交流	尊重
行为描述	• 身体上的接近 • 分享活动 • 同伴支持 • 匹配的情感 • 社会性交流	• 微笑 • 大笑 • 热情	• 口头表达情感 • 通过身体行为表达情感 • 积极的期望	• 目光接触 • 温和、平静的声音 • 表示尊重的语言 • 合作与分享

人际关系

人际关系指的是师生之间和同伴之间的关系。我们常常喜欢谈论与评价师生关系和同伴关系。但是，我们在谈论与评价时往往停留在抽象的总结性层面，比如，××班级的师生关系和同伴关系良好。可是，你认为的良好的师生关系、同伴关系与我认为的良好的师生关系、同伴关系具体指的是一回事吗？不见得。有可能指的是一回事，也有可能有出入，或者侧重点完全不一样。CLASS 的研发者们从以下五种行为层面阐释了人际关系的概念。

身体上的接近

儿童喜欢靠近教师。就像我的小女儿随时都是一副往我怀里钻的样子，在幼儿园里，当儿童喜欢教师的时候，他们首先会在身体上接近教师。比如：在集体活动中，儿童会把小板凳搬到距离教师近一点的地方或者身体尽量前倾；在小组游戏时，他们会把紧挨着教师的位置视作最佳位置。同样，当教师喜欢儿童的时候，他们也会通过身体前倾或者移动身体来让自己与儿童靠得更近，似乎只有这样的距离，才会让彼此感到舒服。不过，随着年龄的增长，儿童对这种肢体接近教师的需求会逐渐降低。

分享活动

教师参与儿童的活动，尤其是生活活动与游戏活动（在集体活动中，教师无论是作为主角还是配角肯定都参与其中）。比如，在美国的文化情境中，无论是午餐时间还是点心时间，教师都不会站在一旁叉着腰监督哪个孩子吃得慢，而是会坐下来和他们一起进餐。又如，当孩子们进行艺术创作的时候，教师在欣赏之余会适时地和他们一起讨论创作思路，或者给他们当个小帮手。

同伴支持

儿童之间互相提供帮助，这种帮助可大可小。比如：在同伴需要剪刀时，把剪刀递给他；在看到同伴有点沮丧时，安慰他；在同伴无所事事时，邀请他和自己一起玩。

匹配的情感

教师的感受与儿童的感受是同步的，就像一起和谐地跳舞。比如，当教师用激动的语调提出一个想法、说出激励人心的话语或者做出激动的表情时，孩子们做出同样的反应。又如，当教师充满感情地朗诵一首儿歌时，孩子们受到感染而表现出同样饱满的情感。反之，当儿童遇到不开心的事情而哭丧着脸时，教师不会取笑他们，而是表达对他们的理解，同时流露出关切的表情。

社会性交流

教师会和儿童聊天。人类是社交动物，有聊天的需求，比如我们和朋友、邻居见面时会聊天，聊天既会增进彼此之间的感情，又体现了生活的乐趣。在幼儿园餐点时间，教师可以跟孩子们聊一聊当天的天气如何、幼儿园的厨师叔叔和爸爸妈妈的厨艺相比如何，等等。

实践链接

区角活动的时候,教师坐在美术区和两个孩子一起用铅笔屑贴小花。(*身体上的接近;分享活动*)

一个孩子在涂胶水时总是把铅笔屑弄断,这时另外一个孩子告诉他,可以先把胶水涂在纸上,再轻轻地把铅笔屑摆上去。(*同伴支持*)孩子们一边操作,一边热烈地谈论着自己周末和父母外出踏青时看到的各种各样美丽的花,教师也很兴奋地参与讨论(*社会性交流;匹配的情感*),并且笑着说:"我周末也和家人一起去看花了,还拍了很多照片呢!我们明天把照片带过来和大家分享一下吧?"

积极的情感

积极的情感指的是,情感是积极的、温暖的,具体体现在以下三个行为层面。

微笑

教师的微笑是免费的"珍宝"。当然,教师不一定一直要保持微笑才能表现自己的积极情感。有的教师即使不经常微笑,也深受儿童喜爱。不过,总体而言,学前阶段的儿童更喜欢经常面带微笑的教师,他们也会努力博得教师的微笑,比如面对教师微笑。

大笑

开怀大笑是一件非常开心的事情。在幼儿园里,因为孩子们的天真童趣,所以师生开怀大笑的机会要比中小学多得多。如果3小时的半日观察下来,师生没有一次开怀大笑,那么班级的氛围一定是消极的。

热情

教师的热情很难长久地假装。有热情的教师是具有感染力的。热情是教师在分享时眼中露出的光芒,是他们声音沙哑时还舍不得闭嘴的样子,是他们孜孜不倦地一次次搜肠刮肚想出来的开展主题活动的妙计。

 实践链接

> 教师和孩子们围成圈坐着,热烈地讨论着他们去踏青看花的经历。(热情)
>
> 一个孩子说她看到了樱花,其他孩子也笑着说他们看到了樱花、桃花、迎春花等。(微笑)
>
> 当一个孩子说"我们走在树底下的时候刮了一阵风,然后花瓣都掉在了我身上"时,教师和孩子们一起开心地大笑起来。(大笑)

积 极 交 流

口头表达情感

教师要把自己的感受,尤其是对儿童的感激、欣赏与赞美通过口头语言表达出来。比如,对儿童说:"我看到你帮助××小朋友找到了他需要的建构材料,你真是一个好帮手!""我非常喜欢你开心笑的样子!""你真棒,你完成了这个挑战!"教师要感激和赞美儿童的努力、助人行为与参与。

通过身体行为表达情感

教师与儿童通过身体行为表达积极的情感。比如，教师会通过拥抱、抚摩、触碰甚至偶尔亲脸颊等身体接触来表达对儿童的积极情感。在幼儿园里，也有一些教师喜欢通过做击掌的动作来与儿童分享成功的喜悦。在协助儿童完成任务的时候，教师可以通过不时地拍拍他们的肩膀或者抚摩他们的头发来表达对他们的鼓励、理解、支持或赞美。很多儿童也喜欢通过与教师拥抱来表达喜爱之情。

积极的期望

教师表达对儿童的积极期望。在儿童即将开始一日活动或执行某个具有挑战性的任务时，教师通常会表达积极的期望，它们也代表了对儿童的美好祝愿。比如，对儿童说："我觉得我们会度过愉快的一天！""我相信你会表现得非常出色！"

  实践链接

> 三个孩子一起在建构区玩积木，教师看到后走向他们，拍拍他们的肩膀（*通过身体行为表达情感*），说："哇，你们合作得真好！"（*口头表达情感*）孩子们开始试着把积木搭高，教师说："你们可以试着把它搭得更高，我知道你们一定会成功的。"（*积极的期望*）

尊 重

在一个拥有积极氛围的班级里，教师和儿童是时时刻刻互相尊重的。尊重的具体行为表现或者策略体现为以下四个方面。

目光接触

教师与儿童之间进行目光接触，而且互相倾听。教师尊重儿童的首要表现是进行目光的交流，而不是在儿童说话时忙着做其他事情，只是偶尔用余光瞥向儿童。当教师手头有重要的事情需要处理时，可以告诉儿童稍等一下，等忙完了再询问他有什么事情。即使儿童忘记了，教师也要询问一遍。在与儿童对话的时候，教师要仔细地倾听他们的话语。同样，儿童之间也会互相倾听，因为他们会模仿教师的行为，同时他们的倾听行为曾得到教师的赞许与欣赏。

温和、平静的声音

教师用温和、平静的声音与儿童对话。教师不需要一直用昂扬、饱满的声音与儿童交流，温和、平静的声音同样可以传递出温暖和热情。对于这种发自内心的温暖和热情，无论是儿童还是观察者都能捕捉和感受到。

表示尊重的语言

教师与儿童使用表示尊重的语言，如"请""谢谢"等，进行交流。此外，教师能够记住儿童的名字，并且在与儿童说话时使用儿童的名字，这也是一种尊重儿童的表现。

合作与分享

儿童之间相互合作与分享。幼儿园的区角游戏和小组活动的成功离不开儿童之间的合作与分享。在一起完成一个共同的任务时，儿童需要分工合作；在使用材料时，他们需要彼此分享。此外，在遇到困难时，儿童也需要分享彼此的经验和技能。儿童之间的相互合作与分享,体现了教师在创设一个彼此尊重的环境方面所做出的努力。

一言以蔽之,营造积极氛围的主要目的是建立温馨的具有支持性的师生关系和同伴关系。

实践链接

在开展小组阅读活动时,教师请孩子们和旁边的小伙伴一起讨论,猜想故事的下一页会发生什么。(合作与分享)

几分钟之后,她看着一个男孩(目光接触),说:"××,请你来说一说吧!"(温和、平静的声音;表示尊重的语言)在孩子回答完毕之后,教师说:"谢谢你的回答,请坐。"(表示尊重的语言)

分享与讨论

某学年中期,一位教师离职了,新的教师加入进来,班级儿童对这个变化表现得很不适应。新教师可以做些什么来帮助自己与儿童建立积极的关系呢?

案例1 一个玩偶说"嘭"所带来的喜悦

(背景介绍:教师和孩子们围坐在一起,彼此靠得很近。教师用布偶故意发出"嘭"的声音,然后讲故事。孩子们面露惊喜,非常兴奋。)

教师：嘭！

（孩子们惊叫）

教师：嘭！

（孩子们大笑）

教师（一手拿着一个玩偶，开始讲故事）：哦，别怕，乐乐，是我，我是果果，我戴了一个面具。哦，天啊，果果，你吓了我一跳，我要钻到我的壳里去了。

孩子们：可以再做一次吗？

教师：再做一次？我会再做一次，然后我们开始工作。

孩子们：你说"嘭！"。

教师：我要先把面具戴回去。

请你一边阅读，一边用积极氛围维度的四个指标（人际关系、积极的情感、积极交流及尊重）以及相关的具体策略对这个案例进行分析。

案例2　午餐前有关偷吃零食的讨论

（背景介绍：孩子们排排坐着，教师在前面站着和孩子们展开了关于偷吃零食的讨论。在整个过程中，气氛很活跃，孩子们都非常踊跃地回答教师的提问。）

教师：我想跟你们讨论一个问题。我们班里有一些小朋友会悄悄地带一些好吃的东西来幼儿园，比如一些糖果或其他零食。他们把这些好吃的东西放在书包里，下课后悄悄地分给好朋友。你们觉得这样的做法怎么样？

孩子们（齐声回答）：不对。

教师：为什么不对？

（孩子们争先恐后地诉说，结果谁都听不清楚）

教师：别着急，一个一个来。他很喜欢他的好朋友，想把好吃的和好朋友分享。为什么这样做不对呢？

儿童A：我知道。

教师：哦，请你来说（指着儿童A）。

儿童A：因为这些是垃圾食品，吃的话会对身体不好。

教师：××（儿童A）说，很多零食对身体是有害的，所以我们不应该吃它们。其他人有什么想法，可以告诉全班小朋友。不要在下面七嘴八舌地说，我听不到，也影响别人。××（指着儿童B），请你来说。

儿童B：不能吃……因为糖果会蛀牙。

教师：哦，她认为糖果吃多了会蛀牙。请你说（指着儿童C）。

（儿童C回答）

教师：××（儿童C）认为，既然要拿东西过来和小朋友分享，就应该和全班小朋友分享，而不是偷偷地分给一两个小朋友。请你说（指着儿童D）。

儿童D：不能瞒着老师。

教师：哦，她说不要瞒着老师。你说呢？（指着儿童E）

儿童E：因为这里是幼儿园，幼儿园不允许带东西过来吃。

教师：哦，你们听到了吗？××（儿童E）说，我们到幼儿园是来上课的，不能带零食过来吃。好，××（指着儿童F），请你说。

儿童F：不能吃零食，因为吃零食会蛀牙，而且会对身体不好。

教师：嗯，你们都认为不能吃零食。你说呢？（指着儿童G）

儿童G：吃零食会蛀牙，会变胖的。

教师（呵呵地笑）：来，请你说（指着儿童H）。

（大家的声音太吵，听不清儿童H在说什么）

教师：请大家听××（儿童H）说。

教师：哦，他认为吃零食会上火。你说呢？（指着儿童I）

（大家的声音太吵，听不清儿童 I 的回答）

教师：我们要认真听哦。××（儿童 J），请问你有没有听到××（儿童 I）说的话？

儿童 J：长时间吃的话，很容易被骗子骗了。

教师：哦，我明白你的意思，就是说喜欢吃零食的小朋友很容易被别人拿零食骗走。

儿童 K：那些是陌生人。

教师：听完这么多，我现在知道，我们大一班的很多小朋友都认为，这样吃零食是不对的，是吗？

孩子们（齐声回答）：是。

教师：我们应该怎么做呢？××（儿童 A），请你来说。

儿童 A：如果有零食的话，要和全班的同学一起分享。

教师：哦，我明白他的意思。他说如果有零食，就拿给全班的小朋友来分享。还有呢，请你说（指着儿童 E）。

儿童 E：要问过老师可不可以吃。

教师：哦，还要问过老师。好，××（儿童 H），请你说。

儿童 H：只能在家里吃。

教师：哦，要在家里面吃，不要带过来。我发现，我们班的小朋友还是很懂事的。偷偷地吃糖果是很危险的。糖果圆圆的、硬硬的，你们把它含在嘴里很危险。如果含着糖果做运动，你们说会怎么样呢？

孩子们（齐声回答）：很危险。

教师：对，很危险。××（儿童 G），请你说说看。

儿童 G：不小心可能会吐出来，或者从嘴里掉到喉咙里被噎到。

教师：嗯，好了，小朋友们都知道了。以后如果有什么好方法，老师可以跟你们分享。如果你们真的很想和好朋友分享好吃的东西，那么你们可以在过生日的时候或者在你们聚会的时候和小朋友一起分享。但是，不要偷偷地带过来了，知道了没有？因为偷偷地吃会不小心把零食卡在喉咙里。

请你一边阅读，一边用积极氛围维度的四个指标（人际关系、积极的情感、积极交流及尊重）以及相关的具体策略对这个案例进行分析。

积极氛围不存在，并不代表消极氛围存在。反之，消极氛围存在，也不代表积极氛围不存在。了解什么是消极氛围非常重要，因为很多幼儿园教师在使用积极氛围策略的同时没有意识到自己也会不自觉地营造消极氛围，而消极氛围会影响到教室中的所有儿童。

当教室中没有冲突，也没有肢体和情感上的威胁时，儿童可以更好地学习和发展社交技能。所以，消极氛围维度关注的是消极的情感、惩罚性控制、讽刺或不尊重以及严重的否定等。

教室中的消极氛围是怎样的？具体表现为以下四个方面：

- 易怒、愤怒、语气严厉、同伴攻击、不断加剧的消极情绪；
- 大叫、威胁、身体控制、严厉的惩罚；
- 讽刺、嘲笑、羞辱；
- 欺骗、恃强凌弱、身体上的惩罚。

表 1.2 所展示的是消极氛围维度的具体指标。

表 1.2 消极氛围维度的指标

指标	消极的情感	惩罚性控制	讽刺或不尊重	严重的否定
行为描述	• 易怒 • 愤怒 • 语气严厉 • 同伴攻击 • 不断加剧的消极情绪	• 大叫 • 威胁 • 身体控制 • 严厉的惩罚	• 讽刺 • 嘲笑 • 羞辱	• 欺骗 • 恃强凌弱 • 身体上的惩罚

实践链接

当教师和孩子一起坐在地毯上阅读时,娜娜和麦麦不停地争执,互相推挤、抢座位。(消极的情感)教师提高声音,说:"够了,这样愚蠢的争吵我听够了。马上停止!不然,你们课外活动时就待在教室里!"(惩罚性控制)她转向其他孩子,说:"也许,你们可以给娜娜和麦麦看看,好孩子是如何表现的。"(讽刺或不尊重)

第二章
教师敏感性维度的解读与案例分析

- 意识
- 回应
- 关注问题
- 儿童的自在表现

教师敏感性是CLASS的第三个维度。平时，当我们形容某人对某个领域的现状和发展能做出最精准的判断或在这个领域表现出常人不可攀登的高度时，就会说此人在某方面具有敏感性。有人对时装潮流趋势很敏感，有人对计算机编程或软件开发很敏感。在我的专业领域，要成为优秀的学者，需要对教育领域的困境有敏锐的洞察力并且能够设计出接地气的研究问题，这就是专业敏感性。有人会问，这个敏感性是天生的，还是可以培养的呢？我觉得，更多的是与个人的经历以及训练有关。比如，没有人是天生会做研究的。作为一名教育研究工作者，如果我从未在学前教育一线工作过，从未有过四年的带班经历，那么我是很难对研究问题产生浓厚兴趣的。也就是说，在实践中遇到的困惑和困难激发了我研究的动力。当然，能够提出具体可行的研究问题，则得益于我后期接受的有关研究设计和分析的训练，以及对相关文献的大量阅读。

在讲解教师敏感性的定义之前，请先思考以下几个幼儿园中常见的场景。请问，你观察到了什么？如果你是案例中的教师，你会怎么做？

场景1

教师正在给孩子们讲绘本故事，讲完后问孩子们："我想请一位小朋友看着书，把老师讲的故事再讲一次。哪位小朋友想上来试一试？"儿童A有点兴奋，又有点紧张地看着教师，但是没有举手。

场景2

儿童B早晨来园时因分离焦虑而哭泣，在进餐环节看上去不太开心，吃得很慢。

场 景 3

在游戏环节，教师向孩子们介绍了一个新游戏。在讲解完游戏规则后，教师问孩子们："小朋友们都听明白了吗？"大部分儿童都大声回答"明白了"，但有几名儿童没有说话。

幼儿园中每时每刻发生的师幼互动，都透露出教师的敏感性。教师敏感性是一种认识到儿童的个体需求并以积极的方式应对的能力，这种积极的方式为儿童的发展和学习奠定了基础，提供了帮助（La Paro，Pianta，& Stuhlman，2004）。CLASS 的研发者们解释道，教师敏感性体现了教师对儿童学业和情感需求的响应度与察觉性。当教师具备高水平的敏感性时，将有助于儿童形成积极探索和学习的能力，因为教师会一以贯之地提供支持，让其安心并感到备受鼓舞。CLASS 的研发者们认为，教师敏感性这一维度包含意识、回应、关注问题和儿童的自在表现四个指标（见表 2.1）。

表 2.1 教师敏感性维度的指标

指标	意识	回应	关注问题	儿童的自在表现
行为描述	• 对问题有预期并制订恰当的计划 • 意识到理解不足或困难	• 认可情绪 • 提供安慰和帮助 • 提供个别化支持	• 及时提供有效的帮助 • 帮助解决问题	• 寻求支持和指导 • 自由参与 • 承担风险

意 识

意识是指教师能够持续地关注儿童，观察到他们给出的口头和肢体上的暗示。CLASS 的研发者们采用了两个行为层面的策略来判断教师的意识能力。

对问题有预期并制订恰当的计划

在日常生活中，成人常常责备孩子。比如，责备孩子跑进电梯乱按按钮，责备孩子争抢父母拿出的一份零食，或者责备孩子在需要排队轮流玩游戏时争吵不休。其实，孩子们的这些表现实属正常，尤其对年幼的孩子而言。喜欢按电梯按钮说明他们对世界充满好奇，想一探究竟；喜欢抢食物和游戏，说明他们对食物和游戏充满了热情。可是，当他们因此受到成人责备甚至体罚的时候，他们获得的最主要信息是"我不应该对事物产生好奇和热情"。他们不明白成人责备或者惩罚的原因是什么，比如：乱按电梯楼层按钮会给同乘电梯的邻居造成不便，不能分享和排队轮流是一种缺乏社交礼仪或谦让美德的行为。事实上，之所以出现这些问题，是因为成人对学前儿童的心理发展特点——好奇心强、社会性和情感正处于发展中——不了解，进而没有对儿童的问题做出预期和制订恰当的计划。

敏感性高的成人，其处理方式则截然不同。比如，因为预期到孩子喜欢乱按电梯里的楼层按钮，所以他们首先会感谢孩子帮忙成功打开电梯，紧接着会用身体挡住按钮盘，跟孩子说："宝贝，我知道你非常喜欢帮忙按电梯楼层按钮，但是因为很多人会使用这个电梯，如果我们按了很多号码，电梯就会在很多楼层停留，这样会耽误别人和我们自己的时间。所以，我们只能按我们要去的楼层的号码，这是游戏的规则。明白了吗？我们要去几楼啊？那要按哪个数字呢？你来按吧。"这样既可以满足孩子一探究竟的好奇心，又可以避免问题的出现。

接下来，我分享自己的两个切身经历。

经 历 1

有一天，在电梯里，我目睹了邻居的两个男孩因为乱按电梯按钮而扭打成一团。过了几天,当我在电梯里第二次偶遇他们时,我马上笑着说:"我要去9楼,你们谁能帮我按一下9楼的电梯按钮呢?"弟弟马上就帮我按了。同时,他也按了他们要去的楼层。我感激地冲他笑笑,然后问他们:"你们觉得一会儿是我先下电梯,还是你们先下电梯呢?"哥哥听后偷偷地捂嘴笑了,我猜他已经知道答案,而弟弟则是一副冥思苦想的样子,想了一会儿,他有点不是特别肯定地说:"你先下?"我说:"我觉得你说的是对的。不过,我们等会儿可以验证一下你的推理是否正确。"一会儿,电梯到达我要去的楼层,我走出电梯,很高兴地对弟弟说:"你猜对了,我先出电梯,祝你们今天玩得开心!"我想,弟弟肯定因为解决了一个数学难题而非常自豪,也许他还会跟父母分享今天在电梯里的经历。因为我了解这两个孩子喜欢按电梯按钮,对数字感兴趣,也渴望与他人交流与分享,所以我给他们创造了行动与思考的机会,也让他们拥有了一个在电梯里与邻居积极交流的美好经历。

经 历 2

我的女儿刚读幼儿园时,家里买了一辆自行车,爸爸和哥哥会骑车载她出去玩。所以,女儿觉得这辆自行车是她的专属"玩具"。有一天,家里来了一位亲戚的小孩——与她同龄的男孩。大家出去玩时,哥哥推来了自行车。预感到一场"世界大战"即将爆发,我马上说:"大家觉得这辆自行车的后座坐几个人是安全的?"大家讨论后一致认为,它适合坐一个人。"那两个小朋友都想坐,怎么办?"我建议用"剪刀石头布"来决定谁先坐比较公平。他们勉强接受,然后执行了。但是,眼看输了的女儿快要哭了,我安慰她说:"你在等待的时候也许可以吃个冰激凌。"果然,冰激凌大大缓解了她的不快。

让年幼的孩子学习分享和轮流是具有挑战性的。我们很多成人都没有养成这个习惯，所以，对年幼的孩子也不要太苛刻。能谦让是值得鼓励和肯定的美德，但是即使幼儿不愿意谦让，只要问题能得到合理解决，也是可以的。

在幼儿园里，儿童有无数的机会学习分享、轮流等重要的社交、认知以及沟通方面的技能。在学习这些技能的过程中，他们难免会出现问题、发生矛盾。比如，大家都抢着玩新的区角材料，因为它们太有趣了。可是，新材料的数量无法满足每个小朋友的游戏需求，应该怎么办？敏感性高的教师能够对这样的问题有所预期和计划，他们会事先提醒儿童："今天，老师在××区角投放了新的游戏材料。我知道，大家都想尝试使用这些材料，可是每次只能让三个小朋友玩。所以，我们可以用签名的方式轮流玩。如果这次轮不到你玩，那么你可以在下午或者明天玩。不用着急。"这反映了教师可以对孩子们爱抢玩具、材料的问题以及在排队轮流时遇到的挑战做好预期和计划。

此外，在规划课程的时候，敏感性高的教师会意识到不同发展水平的儿童对活动及材料的可能反应，从而做出恰当的预期并调整计划，满足儿童不同发展水平的需求，给他们带来不同程度的挑战。就拼图材料而言，有的孩子可以玩50块拼图，有的孩子只能玩5块拼图；有的孩子可以使用光面拼图，有的孩子只能握住带柄的拼图。再就脚踏车而言，有的孩子能独自骑脚踏车，有的孩子需要骑带保护轮的脚踏车；有的孩子享受一个人骑车的乐趣，有的孩子只愿意被别人载着玩。因此，如果你在幼儿园的户外游戏场地上只看到一种类型的脚踏车，那么这就令人担忧了。

意识到理解不足或困难

在幼儿园里，儿童经常遇到理解不足或困难的情形。一种典型的表现是儿童情绪情感方面的需求。有的儿童可能因为思念妈妈而时不时地哭泣，从而一直无法进入游戏状态；有的儿童可能因为不适应幼儿园的社交环境而感到压力，进而退缩逃避；有的儿童可能因为无法胜任游戏水平而感受到挫折。这时，敏感性高的教师会意识到儿童的情况，并及时给予安慰，帮助他们找到适合自己的游戏活动，直到他们可以平静地投入其中。敏感性高的教师会意识到给予每名儿童"恰到好处"的需求。

另一种典型的表现是，儿童在集体活动或者游戏中听教师发布指令或者讲解规则时不能完全理解，或者大部分儿童理解了，而有一部分儿童没有理解。敏感性高的教师能够根据经验以及儿童的面部表情判断出来，并通过巧妙地安排这部分儿童与已经理解规则的儿童分组讨论等策略确保他们理解规则后再开展活动。敏感性高的教师绝对不会摆出"我说了多少遍了，你怎么还不明白"的姿态，甚至轻视和厌恶的神情。他们理解每名儿童学习的速度不同，对不同事物的前期知识和已有经验也不同，所以首先会反思自己是否讲解清楚了，也会检查儿童是否真的理解了。与其用词语"爱心"和"耐心"来描述这样的教师，不如用"专业"一词更为恰当。因为仅有爱心和耐心是不够的，只有带着专业的眼光来看待和理解儿童，才会造就教师。

 实践链接

> 建构区的几个孩子正在努力搭建一座塔，但是他们只搭了几层，塔就倒了。他们又尝试了一次，结果还是倒了。教师看到后，走过去询问他们："你们遇到什么问题了吗？"（**意识到理解不足或困难**）一个男孩说："我们想搭一座世界上最高的塔，但是它总是不稳，总是倒。"教师拿来了一些积木塔

> 的图片,说:"我们可以先看看这些图片,你们觉得这些塔和你们刚刚搭的塔有什么区别?它们看上去稳不稳呢?是上下一样粗,还是底下比较粗,越往上越细呢?"孩子们看了看,说:"底下比较粗。"教师立刻肯定地说:"是的,你们也先试着把底下搭得粗一点、稳一点,然后再一点一点往高处搭。"
> (对问题有预期并制订恰当的计划)

回 应

回应是指教师持续地响应儿童的需要和他们为了引起教师注意而表露的行为,并且给予与儿童的需要和能力相匹配的协助。

认可情绪

儿童在幼儿园里会体验各种不同的情绪。无论情绪是消极的(如愤怒、悲伤)还是积极的(如高兴、兴奋),它作为一种实际存在的状态,没有对错好坏之分。我们每个人都有情绪激动的时候,也有歇斯底里、极其愤怒的时候。我们需要具备识别自己情绪的能力,从而调整和控制自己的情绪。作为成人,当我们意识到自己生气时,我们可以对自己说:"这件事或这个人让我很生气,但是为此生气真的没有必要。我应该忘记它,去做一些让自己感到开心的事情。"这是我们成人具备了情绪识别和调节能力后的反应。然而,对大部分儿童来说,学习识别自己的情绪,是进行情绪调节的第一步。所以,教师要认可他们的情绪,帮助他们进行情绪的识别。敏感性高的教师会对儿童说:"我知道,你现在非常难受,因为你想妈妈了。""我知道,因为××抢了你的玩具,所以你非常生气。"

提供安慰和帮助

敏感性高的教师提供安慰和帮助的方式本身，对儿童而言就是一种安慰和支持。比如，面对一个忘记带午餐来幼儿园的儿童，敏感性高的教师回应说："我知道，你因为忘记带午餐盒而担心。不用担心，我帮你打电话问问你的妈妈，看看是不是落在妈妈的车上了。如果是，我叫她送过来。如果妈妈找不到或者没有时间送过来，老师可以用午餐卡在幼儿园食堂帮你买一份午餐，好不好？"听到这样的回答，儿童就会安心地玩耍，不会在游戏的时候一直担心没有午饭吃。敏感性不足的教师可能不会理会儿童的情绪，甚至认为应该让儿童饿一顿来吸取忘带午餐盒的教训。

教师的安慰和帮助不仅可以体现对儿童情绪的觉察与理解，还能体现对儿童想独立表现或完成任务的同理心。比如，面对想自己独立穿外套但又遇到挫折的儿童，敏感性高的教师回应道："老师知道你想自己独立穿衣服，这一点非常棒！老师喜欢独立穿衣服的小朋友，但是这件外套比较难穿，老师帮你拎着这个袖子，你把手臂穿过来，好不好？"当教师这样回应的时候，儿童会因为觉得教师非常理解自己而更容易接受教师的帮助。

提供个别化支持

教师根据每名儿童的特点和具体需求而提供的支持，对于儿童个体的成长具有促进作用。在美国 Teachstone 公司组织的 CLASS 培训中，我曾观看到这样一个案例。

几个孩子正围着教室的宠物箱（里面养着一只小仓鼠），其中一个小朋友抱着小仓鼠抚摩，教师在和他们谈论着小仓鼠。在愉快地谈论了一会儿后，教师把小仓鼠放回了宠物箱，开始喂它吃东西、喝水。这时，一个女孩跑过来看小仓鼠，她热切地询问教师是否可以让她抱一抱小仓鼠。教师说:"你也想抱小仓鼠,是吗?这很好。但是,小仓鼠刚被大家抱了一番,现在开始吃午餐了。如果我们现在把它抱出来,它会非常困惑的,就好像你已经开始在幼儿园吃午餐了,但是你的妈妈突然过来要接你回家,你是不是也会觉得很困惑,想:'我是吃完饭再跟妈妈走呢,还是现在不吃了,立刻跟妈妈走呢?'"教师微笑着继续解释说:"这就是我们现在不要打扰小仓鼠吃饭的原因。不过,如果你明天早上提醒我,我一定会让你抱一抱小仓鼠,好吗?"小女孩微笑着点点头,一蹦一跳地走开,继续玩她的区角游戏了。

从上述案例可以看出,这位教师提供的个性化支持,不仅帮助小女孩理解了在小仓鼠吃饭时不能抱它的原因,还帮助她理解了要如何考虑别人的感受和想法。这样的回应方式,对儿童的理解能力和社交能力的发展有很大帮助。我记得,在我的儿子读小班时,他的老师每天都会在教室门口迎接孩子和家长。对于我的儿子,她总是给予灿烂的微笑,她的微笑就足以使他满足地投入区角活动中。对于其他小朋友,她有时会轻轻地拥抱一下,帮助他们做出在哪里玩的选择;有时会用力地拥抱他们,给予他们情感上的安慰和满足。她对儿童的情感需求是极度敏感的,并根据不同儿童入园时的情绪状态给予个别化的支持。

 实践链接

  圆圈时间,教师正在读故事书,一名儿童双手交叉在胸前,喊道:"我看不见!"教师说:"因为看不见让你有些沮丧,是吗?(认可情绪)我们想想如何让你看得见。"儿童点点头,说:"我被东东遮住了。"

> 教师回答道:"那你让东东靠后一点,如何?"(*提供安慰和帮助*)儿童听后没有做出反应,教师又说:"你可以说,'东东,请你靠后一点可以吗?'"(*提供个别化支持*)

关 注 问 题

及时提供有效的帮助

在幼儿园一日活动中,儿童总会碰到大大小小的困难。有时候,他们找不到游戏材料或者材料出现了问题。有时候,他们想加入同伴的游戏,但是不知道如何开口或者不敢提出这个要求。有时候,他们只是单纯地不知道接下来要做什么……当遇到这些问题时,有的儿童会主动寻求教师或同伴的帮助,有的儿童则可能不知所措。

敏感性高的教师会时时刻刻关注儿童遇到的各种问题,及时询问状况并提供帮助。教师的这种持续关注和帮助,使他们与儿童之间"同频共振",格外"合拍",即教师了解儿童的需要,儿童可以信任教师会随时伸出援手。这就是高质量的师幼互动所产生的良好气场。这样的气场为儿童投入游戏与学习奠定了良好的基础,让他们有"资本"去接受高难度任务的挑战。

帮助解决问题

因为教师的及时有效帮助,所以儿童的问题得到了解决,活动得以顺利地进行,儿童对活动的兴趣得以维持或者被重新激活。比如,在教师的帮助下,儿童顺利地融入小组游戏活动,写出了自己的名字,修复了破损的玩具,或者完成了复杂的作品。儿童不需要一直寻求教师的帮助,因为他们的问题在第一时间得到了关注和解决。所以，有的观察员在观察后反映："在这 1 小时里，孩子们好像都没有寻求教师的帮助。可是，一切又都进行得自然且顺利。"

 实践链接

> 　　教师在手工课上教孩子们折纸飞机，一个孩子总是折不好，教师就坐在他的旁边一步一步地折给孩子看。（*及时提供有效的帮助*）孩子一边看，一边认真地跟着教师折。终于折好了一架纸飞机，他开心地说："看！我折好了一架飞机！"（帮助解决问题）

儿童的自在表现

为什么要关注儿童是否表现得自在呢？自在的表现是指儿童在向教师寻求支持、与教师互动以及参与活动时表现得舒服自然，因为他们的问题或忧虑不但被教师理解与接纳，而且能不断地得到教师的帮助。换句话说，儿童会发自内心地认为："我的老师是一个特别靠谱的朋友，她不会因为我不知道某些问题的答案而瞧不起我，她总是关注、理解或欣赏我的问题。无论遇到任何解决不了的问题，我都不用害怕与担心，因为我的这位朋友会帮助我解决。她就是我最大的'靠山'！"老师们，你们可以做儿童这样的"靠山"，让他们在幼儿园班级里自在地表现。

寻求支持和指导

当儿童喜欢教师、信任教师，把教师看作自己的资源和帮助时，他们自然就会大胆地寻求教师的支持和指导。有时候，儿童会展示自己的作品给教师看,得到教师的肯定,或者希望教师就"如何做得更好或者下一步可以如何做"提供建议,然后继续专注地投入活动。有时候,儿童会咨询教师如何解决问题,而教师提供的策略、方法或指导会给儿童灵感和信心去重新尝试与应对问题。

自由参与

幼儿园的一日活动为儿童提供了无数次选择的机会,儿童要能主动地做出选择,自由地参与这些活动,而不是被动地接受教师的安排。这种自由参与的精神是难能可贵的,有助于培养儿童对学习的主动性,激发儿童的学习动机。

承担风险

当儿童走出自己的舒适区去接受学习和游戏带来的挑战时,他们就会承担风险。每个人的学习与发展都需要这种敢于承担风险的精神。对儿童而言,走入自己不擅长的游戏区域或加入别人的游戏可能都是一种挑战。当儿童喜欢、信任教师时,他们就更加愿意承担风险。

 实践链接

> 教师刚在写作区把安娜讲的故事写下来,一个男孩就从戏剧区跑过来。(**寻求支持和指导**)他正在扮演巫师,想问问教师是否有魔法棒或者是否知道如何做一根魔法棒。教师和他一起想了一些做魔法棒的方法。这时,平常很少在戏剧区玩的安娜说:"我来帮你!"然后,她去艺术区取材料了。(**自由参与**)随后,她来到戏剧区并问其他人她是否可以一起玩。(**承担风险**)

案例1　帮助想念妈妈的孩子

（背景介绍：妈妈把阳阳送入班级交给教师后就离开去上班了。阳阳开始大声哭泣，表现出分离焦虑。）

教师：早上好，阳阳！过来吧，你的妈妈要走了。阳阳的妈妈，一会儿见，祝你今天过得愉快！

阳阳的妈妈：一会儿见。

教师：阳阳，你看这里，这些是你的照片。

教师：我知道，你度过了一个很漫长、很艰难的周末！让我们去后面找找你的名字。你今天看起来不太开心。你在那边找到自己的名字了吗？稍后，我会给你讲一个故事。如果我给你讲一个故事，你的心情会变好一点吗？

阳阳：我想我的妈妈。

教师：我知道，我也想我的妈妈。我们给妈妈画一幅画怎么样？你想画吗？我们给妈妈画一幅画，让她知道你有多想她。我们先找到你的名字。就这样，非常棒！然后，我们给妈妈画一幅画，让她知道你有多想她。午餐之后，妈妈就会来接你了。你找一张照片吧。

阳阳：我要妈妈。

教师：阳阳，我知道你很难过，你想念你的妈妈。你现在是开心、生气还是难过？

（阳阳指了指表示"开心"的表情符号）

教师：今天早晨，你的脸上有笑容吗？如果你指向"开心"，我就要看到你脸上的笑容。我们来看看有没有啊。啊，笑容出现了。很好。我们给妈妈画一幅画，告诉她你有多想她。你想要什么颜色的纸，紫色、蓝色、黄色还是……？

阳阳：粉色。

教师：你想要粉色的纸啊？我有紫色的纸，让我们找一找粉色的纸。你知道我有一个特别的储物柜，那里或许有粉色的纸，你想和我一起去看看吗？过来，和我一起去吧。我知道，粉色是你最喜欢的颜色，对吗？阳阳，我们一起看看储物柜，看看我有什么。

阳阳：那是什么？

教师：那是睡衣。当你在娃娃家的床上游戏时，你就可以穿上睡衣来假装。你看到睡衣上有什么头像了吗？是朵拉。来，我们拿一些粉色的纸。妈妈也喜欢粉色。她今天来接你的时候会很开心，因为你在粉色的纸上给她画了一幅画。给你。你想使用马克笔还是蜡笔？

阳阳：马克笔。

教师：马克笔。你能去那边把马克笔拿过来吗？我和你一起过去。来吧，我们去拿马克笔。你喜欢用马克笔涂颜色。哇，我看见了一支粉色的马克笔，粉色是你最喜欢的颜色。给，把它拿到那边去。你可以的。我知道你看到粉色就会很兴奋。

阳阳：粉色，粉色，粉色，粉色！

教师：是的。那么，我们给妈妈画什么呢？

请你一边阅读，一边用教师敏感性维度的四个指标（意识、回应、关注问题及儿童的自在表现）以及相关的具体策略对这个案例进行分析。

案例2　切菜和削皮

（背景介绍：自由游戏时间，教师来到娃娃家指导两名儿童切菜和削皮。）

教师：怎么样？

儿童A：胡萝卜很难切。

教师：这个胡萝卜很难切，因为胡萝卜怎么样？

儿童A：比较硬。

教师：比较硬，是吧。哎，小心，如果像老师这样切呢？你试一下。

（儿童A按照教师的方法切胡萝卜，切下了一小块）

儿童B：不好削。

教师：哦，老师忘了把削皮的工具给你们。（回到教室拿削皮的工具）你们现在先把皮削了，再切切看。怎么了？这个短的削不了，可以用这个长的。

儿童A：不行。

教师：为什么不行呢？我看看。用哪里削呢？刀片在这里，看到没有？我们用刀片从上往下这样削，看到了吗？来，你来试一下。

（儿童A根据教师的示范自己动手削皮，教师在一旁指导）

教师：手应该怎么放？

儿童A：这样放。

教师：对！你看，她削了长长的一条，很不错。注意削的时候，不要让刀碰到手。××（儿童A）削得又长又薄。哎，断开就不行了，知道吗？（教师把儿童B削的胡萝卜，拿给儿童A看）你看她削得也不错。

请你一边阅读，一边用教师敏感性维度的四个指标（意识、回应、关注问题及儿童的自在表现）以及相关的具体策略对这个案例进行分析。

第三章

关注儿童观点维度的解读与案例分析

- ✦ 灵活性和儿童关注点
- ✦ 支持自主和领导
- ✦ 儿童表达
- ✦ 对行动的限制

关注儿童的观点听上去很简单，其实暗藏玄机。这个维度可以从本质上反映教师在多大程度上能够关注儿童的兴趣、动机和想法，这就是我们所谓的儿童中心教育观。当教师践行这一教育观的时候，可以鼓励和培养儿童更有责任感、更独立。

教育要以儿童为中心，以儿童当前的兴趣、已有知识和经验为基础。关注儿童的观点也是联合国《儿童权利公约》所倡导的应该给予儿童的权利。关注儿童的观点，可以激发儿童的学习动机和学习的主动性。没有什么事情会比让儿童意识到自己可以独立做事更让他们感到兴奋。学前阶段的儿童总是喊着："我自己来，不用帮忙。"如果这时候家长能够鼓励他们参与一些具有挑战性的家务和活动，比如操作洗衣机、修理钟表，那么可以大大促进他们的独立精神。在幼儿园，教师要主动发现儿童的想法和观点，以此提高儿童学习的兴趣。有一次，我负责的研究中心举办了一次关于幼小衔接的会议。会上，香港大学教育学院张晓副教授的报告令人印象深刻。他分享了有关诺贝尔奖获得者的研究，发现取得高成就需要具备以下特质：①对自己感兴趣的事物有巨大的兴趣和高度热情；②不可阻止的、自发的学习行为；③强烈的成长动机；④反潮流精神；⑤独立性、创造性、求新求异性；⑥孜孜不倦的工作态度和克服困难的坚忍精神。他还指出，诺贝尔经济学奖获得者詹姆斯·J. 赫克曼（James J. Heckman）教授发表文章提出："认知能力是重要的，但是非认知能力，如动机（兴趣）、毅力和坚忍（行为自控）等，对于生活的成功也是重要的。"赫克曼教授曾带领团队成员对高质量的学前教育如何帮助儿童取得成功进行了数据分析，发现高质量的学前教育对成功的人生有帮助，而这种帮助是通过促进儿童三方面的发展来实现的，即认知能力、成就动机和行为自控能力。高质量的学前教育所培养的儿童的成就动机和行为自控能力比认知能力对儿童后期成功的影响更大。

我在对广东省幼儿园所做的追踪研究中也发现，中班儿童的成就动机和行为自控能力对他们大班时候的学业成就有影响，而同时期的学业发展则没有这样的预测功能。这再一次证明，培养儿童的学习动机和自我管理能力是非常重要的。不过，与其说是培养，不如说是保护更为恰当，因为儿童天生就有良好的学习动机，只是在成长的过程中没有得到成人的保护，被一次次的批评和责备扼杀了。有关儿童自我管理能力的培养，我们将在本书后面的行为管理章节进行细致的分析。

对幼儿园教师而言，除了关注儿童发展的五大领域外，关注儿童的观点进而激发和保护他们的学习动机同样重要。

> **分享与讨论**
>
> 你是如何关注儿童的观点的？可以回忆一下你最近一次与孩子们的交流，然后与班级同事分享和讨论。

关注儿童观点维度由以下四个指标组成：灵活性和儿童关注点、支持自主和领导、儿童表达，以及对行动的限制（见表3.1）。

表3.1　关注儿童观点维度的指标

指标	灵活性和儿童关注点	支持自主和领导	儿童表达	对行动的限制
行为描述	• 展现出灵活性 • 结合儿童的想法 • 遵从儿童的领导	• 允许儿童选择 • 允许儿童主导课堂 • 让儿童承担责任	• 鼓励儿童交谈 • 引导儿童的想法或观点	• 允许移动 • 不刻板

灵活性和儿童关注点

这个指标反映了教室内的活动在多大程度上是由儿童主导的或由教师主导的。在教师主导的课堂中，教师较少考虑儿童的需求、想法和兴趣，因为课程的实施严格按照教师的想法和计划执行。而在儿童主导的课堂中，教师要时刻关注儿童的想法和兴趣，并且结合他们的想法和兴趣来实施课程。

展现出灵活性

灵活性是指教师在设计和实施课程的时候不僵化，可以根据儿童当下的兴趣和想法灵活应变。幼儿园的一日活动时时刻刻都在考验教师的灵活性和随机应变的能力。比如，教师本来计划使用新的数学玩具教儿童理解数学概念，结果儿童一拿到玩具就不由自主、饶有兴趣地操作起来，具有灵活性的教师不但不会斥责儿童不听指令，而且会随机应变地给儿童10分钟的时间自由探索。又如，当儿童被告知班主任老师生病时，他们想给老师制作一张写有"祝你早日康复"字样的卡片，配班老师听后马上放弃原来的教学计划，满足儿童的愿望。再比如，在开展"蚂蚁"主题活动时，中班儿童在户外观察蚂蚁的过程中对大街上眼花缭乱的广告牌产生了浓厚的兴趣。于是，教师灵活地调整了主题安排，将"广告公司"这个原本下学期开展的主题提上日程。

结合儿童的想法

具有高度灵活性的教师不会一成不变地执行自己的计划，而是跟随儿童的想法或步伐开展课程，围绕儿童的兴趣组织活动，因此他们的大部分活动内容是有血有肉的，是生成性的。比如，在前文给班主任老师制作卡片的例子中，配班老师没有手把手地教儿童制作卡片，而是让儿童自己设计卡片，并且询问他们想在卡片上写些什么。高水平的教师允许儿童把自己的想法带入课堂，不会要求儿童按照教师的指示完成任务和游戏。比如，他们不会规定儿童只能在假扮游戏区玩，也不会规定儿童在建构区搭建某种具体的建筑物，而是让儿童按照自己的兴趣和想法自由游戏。记得在我接受《幼儿学习环境评量表（修订版）》观察员培训时，该量表的第一作者哈姆斯教授深有感触地对我说："很多大班教师不明白什么是高质量的幼儿园教育，其实孩子们完全有能力经营自己的班级。"我想，她所表达的意思是教师要有足够的灵活性来关注儿童的观点。

遵从儿童的领导

当幼儿园教师做到了具有灵活性和结合儿童的想法时，也就自然而然地遵从了他们的领导。还以前文的制作卡片为例，当教师允许儿童设计卡片并把自己的祝福语写在上面时，她自然就遵从了他们的领导，并通过把他们的祝福语写在黑板上方便他们誊写，为他们提供了支持。

十年前，我曾拜访过台北的爱德幼稚园，该园的一个方案教学案例非常成功。在主题活动开展前，该园的儿童提出了一系列主题建议，如动物、飞机、花园等。最后，大家决定表演戏剧。接下来的十几周里，孩子们讨论了什么是戏剧、了解戏剧的种类、欣赏不同类型的戏剧、自己编写剧本、请专业戏剧演员指导表演、设计和布置演出的舞台、制作演出用的道具、排练以及邀请父母和朋友们欣赏演出。在整个过程中，儿童展现出来的主导课程的精神、组织能力和表演水平让人惊叹。教师在这个过程中充当了资源提供者、引导者和追随者的角色。

> **实践链接**
>
> 在讲完绘本《小黑鱼》①（Swimmy）后，教师邀请孩子们画一画"小黑鱼历险记"。一个孩子说："我觉得，它可能会在海里遇到一个奇怪的现象。"教师说："哦，奇怪的现象是什么呢？"（*展现出灵活性*）孩子回答说："是……是波浪小姐。我可以画出来给你看。"教师说："哦，你觉得小黑鱼可能会遇到波浪这种奇怪的现象，这是一个不错的想法，那么请你画出来展示给小朋友们看。"（*遵从儿童的领导*）孩子又说："我想，它还可能遇到一些海草什么的，但是我不知道海草是什么样子的。"教师说："我们可以搜索一下海草的样子。"于是，她打开计算机找到一些海草的图片展示给孩子看。（*结合儿童的想法*）

支持自主和领导

教师要寻找机会鼓励儿童积极地、有意义地参与班级活动。在参与的过程中，教师应给儿童创造独立自主的机会，培养他们的领导才能。

允许儿童选择

如果一名儿童在幼儿园度过的一天里没有做过一次选择，那么教师的教育理念肯定存在问题。幼儿园里的一天就是儿童不断地做出选择的一天。儿童从入园开始就要选择在哪里玩、跟谁玩、玩什么和怎么玩。进餐的时候，儿童可以选择吃得多一些或少一些，先

---

① 该书的简体中文版已由南海出版公司于2010年出版。

吃什么、后吃什么。如果儿童需要自己带饭到幼儿园，那么有意识地培养孩子自主能力的家长就会与孩子商量每天中午的菜单，在一定范围内给予孩子选择权。比如，问孩子："中午，你想吃米饭还是饺子？""你想喝牛奶还是橘子汁？"久而久之，儿童就会慢慢地养成独立做决定的习惯，享受独立做决定带来的快乐，同时意识到"要为自己的决定负责"。

有意识的幼儿园教师会尽量在班级里创造让儿童做决定的机会。比如，早上进入班级时，鼓励儿童自己选择区角游戏，而不是要求儿童坐在座位上玩教师已经摆放好的玩具。再比如，区角里面有各种各样的游戏材料且都摆放得整整齐齐，"时时刻刻"供儿童做出选择。在艺术区，儿童可以选择用各式各样的材料创作本周的艺术作品。在积木区，儿童同样可以选择不同类型的积木和道具建构自己心目中理想的建筑物。

允许儿童主导课堂

在幼儿园里，儿童可以主导课堂吗？你们见过儿童主导课堂的情景吗？在实践方案教学的幼儿园里，我们可以看到儿童主导课堂的情景。当儿童有机会决定学习的内容、材料的选择、活动的组织甚至评估的方式时，他们的主动性就得到了彻底的锻炼和培养，自然也就有了充足的机会来主导课堂。当然，即使在高结构化的集体活动中，教师也可以有意识地让儿童发挥某些主导作用。比如，在过渡环节，教师说："我们来做一个游戏吧。"这时，有儿童建议做击鼓传花的游戏。教师说："好的，那么请一位小朋友来分享一下这个游戏的规则。"此时，教师就给了儿童主导课堂的机会。再比如，在集体活动中，教师请儿童做示范或者展示教具。这些看似微不足道的小环节，却为儿童提供了主导课堂的机会，让儿童体会到"当家做主"的滋味，意识到自己是课堂中重要的一员。

让儿童承担责任

当儿童有了做选择和主导课堂的机会时,自然也就承担了相应的责任。比如,在自主游戏结束时,他们要承担把游戏材料归类整理好的责任。在日常活动中,他们也要承担关门、扫地、倒垃圾甚至清理宠物笼子的责任。总之,班级属于每名儿童,人人都要有机会承担管理班级、让它顺利运作的责任。

实践链接

在过渡环节,教师问孩子们:"我们今天要玩什么呢?"（**允许儿童选择**）孩子们喊道:"抢椅子!"教师说:"好的,那我们今天就来玩抢椅子的游戏。哪位小朋友知道怎么玩?请你来告诉大家游戏的规则是什么?"（**允许儿童主导课堂**）玩了一会儿后,教师请孩子们自己把椅子放回原处(**让儿童承担责任**),并且准备如厕、洗手。

◤ 儿 童 表 达 ◢

教师要确保儿童的想法和观点有机会得以表达。无论教师采用什么样的课程,都要尽量达到儿童话语与教师话语之间的平衡,这往往是高质量课程的一个标准。事实上,在幼儿园里,尤其是在集体活动中,儿童的话语往往很少,或者只能听到个别儿童的话语。

鼓励儿童交谈

在幼儿园里,教师鼓励儿童交谈的方式非常多。教室区角的有趣布置、投放的新颖好玩的材料，以及儿童在教室中陈列的展示物，都能引发儿童的热烈交谈。儿童在自由游戏时间可以积极选择游戏的对象、地点和方式，这一过程本身就是对儿童谈话的一种鼓励。教师还可以关注儿童的游戏投入情况，在促进他们参与的同时鼓励他们与同伴交流。在集体活动中，教师可以通过提问的方式引发儿童的交谈。

引导儿童的想法或观点

幼儿园教师首先需要意识到，让儿童学习表达自己的看法是非常重要的。对于日常事物，无论是当天食物的菜单、活动的流程，还是活动的内容，儿童都应该有机会表达他们的想法、观点与感受。这不仅有助于他们多方面的发展，还可以让他们懂得这样做的重要性，进而为他人提供表达观点与想法的机会，增进对彼此的了解。

实践链接

在分享玩具的活动中，教师把一个愿意分享的孩子叫到身边坐下，并问他："你带了书和大家一起分享，是吗？这是一本什么书呀？"（*鼓励儿童交谈*）孩子说："它的名字叫'忙忙碌碌镇'。"教师接着问："这本书讲了什么样的故事呢？你为什么会喜欢这本书呢？"（*引导儿童的想法或观点*）孩子回答说："这里面讲了一个怎么制作面包的故事，我很喜欢吃面包。"

◤ 对行动的限制 ◥

这个指标的目的是希望教师给儿童提供一个轻松、自由的游戏环境，不要对儿童的行动进行太多的控制。这也是尊重儿童以及促进其独立的一种表现。当一名儿童连对自己的坐、站、走都没有自主权时，他很难在其他事情上发挥独立自主的精神。

允许移动

在幼儿园里，教师应允许儿童在教室里面自由地移动。比如：在集体活动中，只要不影响他人，就可以允许儿童偶尔站起来伸展一下四肢；在自由游戏和生活活动中，儿童不需要教师的允许就可以自由走动拿取材料，或者寻求教师和同伴的指导与协助。儿童也可以在有需要的时候自由如厕和洗手。

不刻板

在集体活动或圆圈时间，只要儿童不干扰他人，只要儿童专注于活动，教师就没有必要刻板地要求儿童必须坐姿整齐、一动不动，应允许儿童以最放松的姿势参与活动。当然，这并不是说只有允许儿童躺在地板上才是不刻板的，而是要为儿童提供一种不被控制的感觉。

 实践链接

在开展小组音乐活动的时候，一个坐在最后面的孩子一直在晃动身体，但是他没有打扰到别的孩子，因此教师没有纠正他。（**允许移动**）教师请孩子们跟着音乐随意做动作，并且说："小朋友们可以站着做动作，也可以坐下来做动作。"（**不刻板**）

 思考与练习

案例1　听一个孩子的故事

（背景介绍：在早餐时间，教师和一名儿童坐在一起聊天。）

教师：爸爸叫你起床之后，你们做了什么？

儿童：我们围坐在一起玩了游戏。

教师：你们玩游戏了？我注意到这个周末的天气有些变化。你注意到这个周末的天气了吗？

儿童：是的，天气不好，它把我房间的窗户弄坏了。

教师：你注意到天上有东西落下来了吗？我们上周五的时候也看到过那个东西。

儿童：那是一颗流星，当时我正在床上睡觉。它飞走了。我听到是流星，然后我醒来看到了地板上的玻璃。

教师：你在地板上看到了草？

儿童：不是，是玻璃。

教师：昨天外面下雪了，你看到了还是错过了？

儿童：我错过了，但是流星来的时候，我刚好跑出房间。

教师：所以，你看到流星了？

儿童：是的。

教师：流星是什么呢？

儿童：像火一样的东西，火从流星上脱落下去，然后流星从天空中掉下来，弄坏了我的窗户，然后是我家……

教师：那些全都发生了吗？

儿童：是的，然后我家就着火了。

教师：现在（告诉我），这些事情是真实发生过的，还是你想象出来的？

儿童：然后，我跑出房间，叫醒了妈妈、莎莎和爸爸。

教师：那么，那是你做的梦还是真的发生了？

儿童：真的发生了。

教师：哇。

儿童：当我叫醒莎莎、妈妈和我爸爸之后，他们说他们跑去我的房间看看火势。

教师：他们去了吗？

儿童：是的。

教师：接着，他们做了什么？

儿童：他们去了商店，买了一个火……叫消防员来灭火。

教师：消防员有没有来？他们有灭火器吗？

儿童：我在客厅睡觉的时候听见他们来了。

教师：他们发出了什么样的声音？你怎么知道是他们？

儿童：他们发出"呜呜呜"的声音，然后他们来了。

教师：哦，是的。我以前听到过那个声音。

儿童：当我早上醒来的时候，我看到了消防员的卡车。

教师：所以，他们在你家，并且在你的房间里？他们有没有清理掉在你房间里的流星？

儿童：是的，然后他们用水扑灭了火。

教师：哦，是灭火器。

儿童：它让火熄灭。

教师：是这样的。所以，他们用灭火器了吗？你知道灭火器长什么样吗？我们这里有一个。你想看看吗？它在门厅里。让我指给你看。你告诉我他们是不是用了这个东西。

请你一边阅读，一边用关注儿童观点维度的四个指标（灵活性和儿童关注点、支持自主和领导、儿童表达及对行动的限制）以及相关的具体策略对这个案例进行分析。

案例2 时钟连线

（背景介绍：集体活动时间，教师在黑板前讲解时钟的时针和分针的相关概念。）

教师（指着黑板上的图画）：看黑板，老师画了什么呀？

孩子们（集体回答）：钟。

教师：对，是一些钟。有个小朋友叫妞妞，她10点钟的时候在玩游戏。看看这边，哪个是10点？（教师指指黑板上自上而下排列的三个时钟图画）

儿童A（手指最上面显示11点的时钟）：上面。

儿童B（手指最下面显示10点的时钟）：下面。

教师（手指黑板上时钟的不同部分）：看这里，用绿色箭头画的是时针，用白色箭头画的是分针，没有画秒针。我们首先来看整点，10点、11点、12点都是整点。你们看看这个是几点？（手指最上面时钟的时针）

孩子们（集体回答）：11点。

教师：对了，很棒，11点，因为这个时针指着哪里啊？

孩子们（集体回答）：指着11。

教师：对了，时针指着11，分针指着什么呀？

孩子们（集体回答）：12。

教师：对了，所以刚好是几点啊？

孩子们（集体回答）：11点。

教师：是的，11点。再看看这里，绿色的箭头指着哪里啊？（用手指着黑板上中间的时钟的时针）

孩子们（集体回答）：12。

教师（手指黑板上中间的时钟的分针）：白色的箭头指着哪里啊？

孩子们（集体回答）：12。

教师：所以，这是几点呢？

孩子们（集体回答）：12点。

教师：是的，12点。再看看这里。（手指着最下面的时钟）

孩子们（集体回答）：10点。

教师：对了，绿色的箭头对着什么呀？

孩子们（集体回答）：10。

教师：白色的箭头呢？

孩子们（集体回答）：12。

教师：所以，这是几点啊？

孩子们（集体回答）：10点。

教师：现在，帮助这些整点的数字找到它们的好朋友，好不好啊？（在黑板上的数字与时钟之间做出连线的动作）

孩子们（集体回答）：好。

教师（手指着时钟上的10点指针）：这里是几点呢？

孩子们（集体回答）：10点。

教师：这个小朋友是10点开始玩游戏的，这上面哪一个是10点？（手指划过黑板上的三个时钟图画）

孩子们（集体指向最下面的时钟）：这个。

教师（指着中间的时钟）：是这个吗？

孩子们（集体回答）：不是。

教师（指向最上面的时钟）：是这个吗？

孩子们（集体回答）：不是。

教师（指向最下面的时钟）：是这个吗？

孩子们（集体回答）：是的。

教师：我们帮它们手拉手连起来，是不是这样啊？（教师将数字10与最下面的时钟连线）

孩子们（集体回答）：是。

教师（手指着数字11）：11点的时候，她的妈妈给她讲故事，这里哪个是11点啊？（手指划过三个时钟图画）

孩子们（集体回答）：上面。

教师（手指着中间的时钟）：是这个吗？

孩子们（集体回答）：不是。

教师（手指着最上面的时钟）：是这个吗？

孩子们（集体回答）：对。

（教师完成连线）

教师：12点的时候，她开始吃午餐。哪一个是12点啊？（手指划过三个时钟图画）

（两个小朋友站起来，指向中间的时钟）

教师（指向最下面的时钟的分针）：这里指着12，为什么不是这个呢？

孩子们（集体回答）：这是10点钟。

教师：哦，这是10点，那为什么这里是10点呢？因为这是分针（指着最下面的时钟的分针），这是时针（指着最下面的时钟的时针），我们要由时针开始读——10点。（教师指向中间的时钟）这里呢？

孩子们（集体回答）：12点。

（教师完成连线）

教师：等一下，书本上会有一些连线题，由你们来完成。

请你一边阅读，一边用关注儿童观点维度的四个指标（灵活性和儿童关注点、支持自主和领导、儿童表达及对行动的限制）以及相关的具体策略对这个案例进行分析。

第四章

行为管理维度的解读与案例分析

- ✦ 清晰的行为期望
- ✦ 前瞻性
- ✦ 纠正不良行为
- ✦ 儿童行为

行为管理的目的，是帮助教师有效地管理幼儿园班级，进而实现儿童的自我管理。在这里，幼儿园教师存在的一个理解误区，是将行为管理等同于行为控制。实际上，管理和控制有本质上的区别。管理体现了教师给予儿童方法和策略，帮助儿童调节自己的行为，从而习得良好的行为规范，当然最理想的情况是儿童在教师的帮助下实现自我管理。控制则侧重于教师用自己的权威、权力来迫使儿童顺从。在控制儿童行为的班级里，很多儿童为了得到教师的认可与欢心，在教师面前假装很听话或者很顺从，但是一旦离开教师的视线完全是另外一幅景象，他们以嬉戏打闹甚至破坏纪律为乐，没有发自内心地思考自己应该如何表现，更谈不上自我管理了。这一现象值得每位教师深思。

为什么要对儿童的行为进行管理呢？因为管理良好的班级是儿童学习的前提。在这样的班级中，儿童理解应该表现出怎样的行为并进行自我管理，减少了教师对儿童注意力的分散和干扰，让儿童可以全身心地沉浸到学习活动中；同时，也为教师留出大量的时间，用于指导儿童的学习与发展。

前文提到，诺贝尔经济学奖得主詹姆斯·J.赫克曼在追踪研究中发现，儿童的自我管理能力对后期学业成功的影响超过了学业成绩本身的预测作用。因此，儿童实现自我管理是幼儿园教育的重要内容与目标。

美国学者吉莉恩·罗德（Jillian Rodd）在其著作《理解幼儿的行为：幼儿教育专业人员指导手册》（*Understanding Young Children's Behavior: A Guide for Early Childhood Professionals*，1996，p.6）中指出，行为管理是指"通过教学与指导方法使儿童社会化，说明他们学会根据自身的能力发展成为负责任的、称职的社会文化成员"。

《儿童行为管理》[①]（*Managing Children's Behavior*，2003，p. 5）一书的作者英国的希拉·里德尔-利奇（Sheila Riddall-Leech）这样定义行为管理："恰当地回应儿童不同形式的行为，同时恰当地管理环境，以最大限度地减少相关个人的压力。"

我国学者许琼华（2009，p. 73）对中国文化背景下的幼儿行为管理进行了总结，在她看来，幼儿行为管理是指"在幼儿园一日生活中，教师根据正确的教育理念，采取恰当的方法对幼儿在集体活动、游戏活动、生活活动中的各种行为进行观察、指导和干预，培养幼儿良好的学习、交往和生活习惯，帮助幼儿实现早期自我管理的过程"。

从以上定义可以看出，培养儿童的自我管理能力是行为管理的重要内涵与精神。教师可以通过提供清晰的行为指令和使用有效的方法来预防与纠正儿童的问题行为。

CLASS的行为管理维度包含清晰的行为期望、前瞻性、纠正不良行为和儿童行为四个指标（见表4.1）。

表4.1 行为管理维度的指标

指标	清晰的行为期望	前瞻性	纠正不良行为	儿童行为
行为描述	• 清晰的期望 • 一致性 • 澄清规则	• 预测问题行为或避免问题行为恶化 • 反应性低 • 监控	• 有效减少不良行为 • 关注积极行为 • 使用微妙的暗示纠正行为 • 高效的纠正	• 高频率的顺从 • 很少攻击和反抗

清晰的行为期望

教师要清楚地告诉儿童班级规则和被期望的行为是什么，并且

[①] 该书的简体中文版已由南京师范大学出版社于2009年出版。

始终如一地执行这些规则和期望；同时，教师要经常澄清规则，提醒儿童。

清晰的期望

当教师提出的行为期望足够清晰时，儿童的问题行为将大幅减少，相应地，正确的行为或被期望的行为将大幅增加。至于教师提出的行为期望是否清晰，我们要从儿童能否清楚地理解这一角度去评判。要提出清晰的行为期望，教师需要掌握一定的技巧。首先，行为期望不要过多，5个以内为宜。其次，行为期望的内容要易于儿童理解。教师要向儿童解释行为期望的含义，并通过角色扮演游戏等方法确保儿童理解它们。最后，要尽量使用积极正面的语言表述行为期望。比如：用"互相合作"代替"不要争吵"，用"保持安静"或"轻声说话"代替"在教室里时不要大声说话"，等等。有学者曾对班级存在问题行为儿童的教师进行培训，培训内容是如何提出清晰且正面的行为期望，培训结果表明这些教师有效地缩短了过渡环节的时间，把更多的时间花在引导儿童的学习和游戏上。由此可见，清晰的行为期望本身可以很好地起到对问题行为的纠正作用。在幼儿园教育实践中，一个常见的问题是教师的行为期望或指令是清晰的，但是一下子提出太多，导致儿童无所适从。

一致性

同一教师在幼儿园不同时间的不同活动中以及同一幼儿园的不同教师，对儿童提出的行为期望或要求应是一致的。比如，如果期望儿童排队轮流玩，那么教师就不仅要求儿童在区角活动中这样做，在其他活动中也要这样做，而不是默许他们争抢玩具（特殊情况除外，此时教师需要做额外的说明）。再比如，教师A要求儿童在室内时要轻声说话，教师B也要求儿童在室内时要保持安静，不要喧闹。

对儿童提出的行为期望要与儿童的发展水平相适宜,且班级教师之间要达成共识,否则就会出现行为期望不一致的情况。比如,教师A期望儿童在水杯架子前找到属于自己的杯子,然后接水喝,但是没有考虑到并非所有儿童都认识自己的名字。发现这个问题后,教师B直接帮助有困难的儿童找到杯子,由此导致对儿童行为期望的不一致性。

澄清规则

在执行规则的过程中,当看到儿童对规则困惑不解时,教师要及时为儿童做出澄清,帮助他们表现出期望的行为。比如,就餐时,教师对儿童提出"两只小手端住盘子,慢慢走"的要求,并且在给每名儿童分餐的过程中不断地重复这一要求:"要两只手端着盘子啊。""拿好饭,慢慢走,眼睛看着盘子。"在这样不断地澄清规则下,几乎所有班级的儿童都自觉遵守了这一要求。有经验的教师还会通过提问来澄清规则,以确保儿童对规则的理解。比如,教师对儿童说:"今天午餐吃排骨,排骨有骨头,小朋友要记得慢慢吃,把骨头吐出来。小朋友们,今天吃饭要怎么样呀?"儿童回答:"吐骨头。"

实践链接

在区域活动开始前,教师告诉孩子们:"积木区一次只能有四位小朋友,如果还有其他人要玩,就必须在登记表上签名等待,等待的同时可以先去其他区角玩。"(清晰的期望)当第五个孩子来到积木区时,教师提醒她需要登记。(一致性)教师帮助她在登记表上签名,然后这个孩子就先去水桌玩了。(澄清规则)

> * * *
>
> 午餐前的过渡时间,教师告诉孩子们:"小朋友们可以到图书区看书,也可以去益智区玩一会儿玩具,但是不能把图书区的图书拿到益智区看,也不可以把益智区的玩具带到图书区玩。如果你想换一个区域,请先把你看的书或玩的玩具收好。"(清晰的期望)当一个孩子拿着玩具走向图书区时,教师立刻提醒他需要先把玩具放回益智区再过去拿书。(一致性)于是,孩子走回益智区,把玩具放回玩具柜,然后走到图书区坐下看书。(澄清规则)

◀ 前 瞻 性 ▶

如果教师能够预测儿童经常出现的问题行为,那么就能够提早进行预防并及时监控,有效防止问题行为的发生和恶化。即使在和个别儿童交流时,教师也需要关注班级其他儿童的表现,及时强化正确的行为。

预测问题行为或避免问题行为恶化

在日常生活中,很多成人在照顾孩子时缺乏前瞻性,总是等到问题行为出现时才有所反应。这种处理方式容易给儿童带来消极的情绪,而消极情绪的频繁产生会加剧问题行为的出现,从而导致恶性循环。因此,在管理儿童的行为时,成人使用前瞻性策略显得尤为重要。在前文所列举的儿童乱按电梯楼层按钮的例子中,在进入电梯前,家长就应意识到,儿童"一进入电梯就可能出现乱按数字按钮"的情况,于是要在出门前告诉孩子,在电梯里被期望的行为是什么样的。比如：可以按电梯按钮，但是只能按自己要去的楼层；也可以帮助别人按电梯按钮，但是要先问别人去哪个楼层。儿童的问题行为是有规律可循的，家长只要细心地观察就会发现规律，并提前采取策略。关于这方面的更多信息，家长可以参阅有关正面管教的书籍。

在幼儿园里，教师同样要积极使用前瞻性策略。教师的问题意识将随着经验的增加而增长。《幼儿园班级中的行为管理：来自系统观察和访谈的洞见》(*Behavior Management in Preschool Classrooms: Insights Revealed through Systematic Observation and Interview*, Ritz et al., 2014) 一文列举了以下前瞻性策略。

- **称赞正面行为**：教师要表扬或关注行为适宜的儿童，这就使得班里具有潜在行为问题的儿童可以通过观察正面行为来学习，从而也得到教师的赞扬和关注。"见贤思齐"是人的一种天性。
- **指导儿童遵循行为指令**：教师向儿童提出明确的行为指令，然后口头提示或引导儿童完成遵循指令所需的步骤。
- **行为动量**：教师先向儿童提出一系列他们容易遵守的简单行为要求（即高概率遵守的要求），以增加他们遵守不容易遵守的行为要求（即低概率遵守的要求）的可能性。
- **群体联系**：教师通过让某些儿童感受同伴压力来形成集体的高度凝聚力。比如，告诉班级所有儿童，如果他们能够遵守课堂纪律，那么他们每人都可以在午后得到一个冰激凌。当有一两名儿童不遵守纪律时，其他儿童就会自发地指责他们。

很多教师在使用前瞻性策略时，习惯用强制性的命令让儿童整齐划一地完成某个环节。比如：等全部儿童拿到饭后再开始进餐，要求儿童全部安静地坐着，等等。这样做的确可以减少儿童的不当行为，但是忽略了儿童的主动性，不利于儿童对规则的内化。有一些教师喜欢说鼓励竞争的话语，比如："第一个吃完饭的孩子可以得到一朵小红花。"教师原本的意图是激励儿童好好吃饭，但这种强调竞争和对比的语言容易制造紧张气氛，不利于儿童真正接受规则，形成自发的约束性顺从。还有一些教师在时间充裕的情况下，仍然不断地催促儿童。比如，对儿童说："没喝完水的小朋友抓紧了，快点洗手、喝水。"这种对纪律的过分维护可能使儿童失去从实践中自发获得生活经验的机会，在被支配感中建立起被驱动的行为常规。

反应性低

当儿童出现问题行为的时候，教师和家长不要大惊小怪、大呼小叫，因为这样做不仅影响其他儿童的活动，还可能强化儿童的问题行为。那么，具体应该怎么做呢？教师应该保持平静，用平和的语调、声音与儿童对话。这样做，可以避免儿童的问题行为进一步恶化。同时，教师应该聚焦于问题行为出现的原因，以便对症下药。儿童之所以出现问题行为，不外乎两个原因：一是引起教师的注意（"我乖乖的时候你不理我，那我不乖的时候你会关注我吧。"）；二是逃避不喜欢的任务、活动或人（"我不喜欢写字或画画，你让我去做我自己喜欢的事情吧。"）。

我总是会跟学生分享我带的第一个班级的案例。舟舟是一个坐在轮椅上不会说话、大小便也不能自理的六年级学生。他的智商在30分以下，所以被视为需要接受特殊教育服务的重度多重障碍学生。他有非常严重的自残行为，表现为咬自己的手和扔东西，任何他可以碰到的东西都可能遭到他的破坏，甚至会对他人的安全造成威胁。为了预防他的问题行为，每天一见面，我都会给他一个大大的拥抱。他不但不反抗（说明他接受我了），还会微笑甚至大笑（说明他很喜欢我给予他的关注）。无论开展什么活动，我都会让他尽量靠近我，以便第一时间关注到他的需求。知道我就在他身边，对他而言也是一个很大的安慰,让他获得安全感和被爱的感觉。

在工作的第二年,我因为产假而离开班级一个多月。当我重新返回班级时,我的助教不停地向我抱怨舟舟的糟糕行为表现,最令她恼火的是舟舟一直乱扔东西。我目睹了他把桌子上的教具扔出去,砸到了助教的身体。助教气愤极了,这触碰了她的底线,她走到舟舟面前,用手指着他的鼻子歇斯底里地说:"舟舟,我对你这么好,你为什么这样对待我?"舟舟哈哈大笑,似乎很享受这个过程。我的助教因为不知道此时应该采用"反应性低"的策略,而造成了舟舟的问题行为不断升级。对舟舟而言,这就是一个游戏——"我乖乖坐着,你们没有人理会我,可是我一扔东西,你们的反应竟如此之大,这真是太好玩了"——以至于他每次看到助教的表情都哈哈大笑。

监控

无论是集体活动、小组讨论还是与个别儿童一对一交流的时候,教师都要不时地关注整个班级的情况。

 实践链接

教师想和孩子们讨论"吃零食"的问题,她预测到孩子们可能会兴奋地坐在座位上七嘴八舌地发言,便说:"我知道小朋友们有很多想说的话,但是请你们先举手,然后站起来说,让全班小朋友都能听到。"(**预测问题行为或避免问题行为恶化**)当别的小朋友讲话时,有一个孩子一直在和身旁的同伴小声讨论,教师便提醒他们:"你们有没有听到别的小朋友在说什么呀?"(**反应性低**)那个孩子马上就安静了下来。在整个讨论的过程中,教师一直注意环顾所有孩子,以确保他们认真倾听同伴的发言。(**监控**)

> ＊ ＊ ＊
>
> 教师让小朋友们围坐成一圈，请他们逐一分享"惊喜袋"里的图片。她意识到一些小朋友可能会等不及轮到自己就先打开袋子，于是要求他们坐在"惊喜袋"上面，等叫到自己的名字时再打开。(**预测问题行为或避免问题行为恶化**) 当亮亮仍然拿着袋子并且从里面拿出图片时，她平静地提醒他："我们要坐在'惊喜袋'上面，等到老师叫到自己的名字为止。"(**反应性低**) 在整个活动过程中，教师频繁地环顾教室，确保没有小朋友提前打开袋子，同时把注意力集中在正在分享的孩子身上。(**监控**)

纠正不良行为

纠正不良行为是指教师在不占用正常活动时间的情况下能够使用积极的方式强化儿童被期待的正面行为，从而减少不良行为。当儿童表现出不良的行为时，教师可以通过眼神或者肢体暗示让儿童意识到自身的问题，达到引发儿童的自我反思和纠正不良行为的效果，同时避免教师的当众批评给儿童的自尊心带来的伤害。卡迪曼等人（Cadima et al., 2015）在一个跨幼儿园与小学一年级的追踪研究中发现，教师如果在班级管理中经常使用负面语言当众斥责儿童，就会在班级中营造消极的氛围，导致师生关系的亲密度受损，也容易造成儿童安全感的缺乏和自尊心的降低，这既对儿童的社会性发展不利，也会减少他们的课堂参与度，更有甚者会导致他们的破坏性行为。因此，教师掌握恰当的不良行为纠正策略非常重要。

有效减少不良行为

一般而言，教师可以通过语言来及时提醒儿童表现出良好的行为，从而有效减少不良行为的出现。这与前面的预防性策略紧密相连。然而，在对幼儿园课堂的观察中发现，教师使用负面语言的次数多于正面语言的次数。教师在纠正儿童的不良行为时，不仅简单粗暴，比如直接批评儿童，而且缺乏对所期望行为或规则的解释。教师所做的解释能够让儿童更加理解教师提出要求的意图，从而发自内心地遵从和内化规则。否则，教师的纠正只能让儿童暂时将注意力转移到教师要求的行为上，无法达到自发约束的目的。比如，教师要求儿童在如厕和喝水时不要打闹，当教师站在儿童中间监督他们时，嬉戏打闹的儿童很快改正自己的行为，但当教师走开为午餐做准备时，他们立刻故态复萌。如果教师在纠正的同时，附上解释，比如"如厕时不要打闹，因为地上有水容易摔倒、受伤"，那么儿童在如厕时打闹的行为肯定会减少。

关注积极行为

教师应当主动捕捉儿童表现良好的行为，并及时给予肯定与鼓励，这样会强化儿童的积极行为。很多研究发现，教师关注积极的行为可以促进儿童积极行为的增加，同时也会助力儿童其他方面的良好发展，自然而然地减少不恰当行为的出现频率。这个道理听上去简单，但是要做到却不容易。在日常的学前教育实践中，教师往往只强调不要出现的行为，忽略对正面行为的关注。比如，教师希望儿童安静进餐，于是说"我来看看哪个小朋友总是在吃饭的时候讲话，吃得慢的小朋友不能玩游戏"，而不是说："安静吃饭的小朋友，早点吃完就可以玩游戏了。"又如，一位小朋友阅读完毕，把书放回书架，而其他小朋友没有放回。教师这时只叮嘱没有放回书的小朋友，没有称赞把书主动放回的小朋友。如果教师说"表扬××小朋友看完书主动把书放回去",那么这对其他小朋友会是一种更有效的提醒。

接受过应用行为分析训练的人都知道,塑造良好行为的关键是捕捉儿童表现出良好行为的时刻,并给予积极的关注和表扬,通过强化激发儿童想表现这些被期待行为的强烈意愿,直至让这些行为成为儿童的习惯。

使用微妙的暗示纠正行为

替代口头斥责等负面管理方式的一个有效策略是使用微妙的暗示,比如轻轻地拍一拍儿童的肩膀、给儿童一个提示的眼神或轻唤一声儿童的名字。这类微妙的暗示既照顾到儿童的自尊心,又把教师的意思传达了。研究表明,儿童对教师的微妙暗示很敏感(Bryan,Master,& Walton,2014),并可以据此调整自己的行为。

记得我第一年带班的时候,班里有一个叫珠珠的小女孩。她坐在轮椅上,以大声尖叫"出名",一旦情绪爆发,她就发出尖叫声。此外,她的身上经常散发着非常难闻的气味。因为这些原因,她以前的班主任总是避免带她外出(我们每月有两三次的社区教学活动和郊游活动)。不过,我所受过的专业训练让我毫不介意这些。每次外出时,我都会带着珠珠。事实上,她非常喜欢外出,也尽量表现得很好。我还经常帮她梳头发,给她换衣服和修剪指甲,让她保持清洁,每天都可以干净整齐地回家。大家都赞美她的可爱和漂亮,她听后开心地坐在轮椅上跳起舞来,她也越来越期待每日的"美容时间"和每周的外出教学。基于这些良好关系的积累,每次她激动忘怀或者受到惊吓要尖叫时,我只要轻轻地拍一下她的背,她马上就能安静下来。

高效的纠正

高效的纠正是指教师使用纠正策略后获得了良好的效果。

实践链接

集体活动马上要开始了,有些小朋友还在洗手间门口开心地和同伴一起大声讨论着。教师说:"请小朋友们安静地回到自己的座位上坐好,我们要准备开始上课了。"大多数孩子停止了交谈,安静地坐好等待上课。(*有效减少不良行为*)教师看到后,说:"我喜欢那些安静坐好用漂亮的眼睛看着老师的小朋友。"(*关注积极行为*)此时,仍然有几个孩子在教室后面闲逛,教师走到他们身边,轻轻地拍拍他们的肩膀,示意他们马上回到座位上坐好。(*使用微妙的暗示纠正行为*)随后,教师走到教室前面微笑地看着所有小朋友,说:"很好,大家都准备好了,我们今天要一起玩一个很有意思的游戏哦。"(*高效的纠正*)

儿 童 行 为

教师使用的行为管理策略会引发儿童的不同行为表现,而儿童的行为表现在 CLASS 中是一个衡量教师行为管理有效性的重要指标。在几小时的观察中,儿童很可能没有出现任何问题行为,这时教师无须使用任何纠正问题行为的策略。在这种情况下,按照 CLASS 评估指南,我们可以默认为教师一贯实施了有效的预防性班级管理策略,所以儿童表现得很顺从。但是,我在这里必须非常明确地指出:这个假设可能不适用于我国文化情境下的某些幼儿园。因为当儿童高度顺从的时候,很有可能是由教师的高控行为管理造成的,而不是富有建设性的促进儿童自我管理的策略在发挥作用。事实上,我们在广东省对幼儿园师幼互动质量与儿童发展所做的一项颇具规模的追踪研究中得出的结论,支持了我的这一观点。

高频率的顺从

儿童的顺从行为是指儿童能够表现出被期望的行为,这是行为管理的主要目标实现的一种表现。很多学者把这种顺从的行为视为儿童将社会规则和价值观内化的标志。有报告指出,这种顺从行为与儿童的亲社会能力发展有关。但是,也有一些学者深入研究了儿童的顺从行为,得出一些更有见地的观点。

对儿童顺从行为的划分,在20世纪已有较为成熟的研究。麦科比和马丁(Maccoby & Martin,1983)将儿童的顺从行为分为:儿童有合作意愿的"接受性顺从"和出于情境压力而顺从当下情况的"情境性顺从",后者通常是由成人的惩罚、威胁或奖励、承诺引起的。库琴斯基(Kuczynski,1991)回顾了儿童对父母控制行为的回应模式,提出了两类顺从行为:内部驱动的顺从和外部驱动的顺从。

在这些研究的基础上,由科汉斯卡和阿克桑(Kochanska & Aksan,1995)提出的顺从行为模型得到了更广泛的认可,他们将儿童的顺从行为分成两类:一类是约束性顺从,是指儿童发自内心地遵从指令要求来调节和约束自身行为,乐于接受成人的要求并且显示出积极的配合,体现了一种义务感,这是个人适应社会的第一步(Kochanska,1993);另一类是情境性顺从,是指儿童因为权威人物的存在而遵守规则,而不是真诚、自愿地遵从规范。

由此可见,儿童的约束性顺从行为才是"真的很听话",是儿童内化社会规则的体现;而情境性顺从行为只是"假装很听话",是儿童对成人命令的表面服从,其原因是外控而非内驱。教师的行为管理,要能够引发儿童的更多约束性顺从行为才是有意义的。

当教师清晰地表达行为期望并且一以贯之地执行时,就可以促进儿童的约束性顺从行为。比如,前文中提到的教师反复提醒儿童如何端饭的例子。此外,教师解释为什么要遵循指令或者被期望的行为,也会帮助儿童做到约束性顺从。比如,有的教师会对儿童说:"吃完饭的小朋友可以出去走一走,消化一下,吃饱饭直接睡觉,肚子会不舒服的。"这样一来,进餐完毕的儿童就会很积极地跟随另一位教师去室外散步。有的教师对儿童说:"吃完饭的小朋友,先去漱口再搬小板凳过来看书。"但是,教师并没有解释饭后漱口可以清理牙齿中的残渣、减少口腔疾病的发生,这就导致儿童对教师的这一要求没有放在心上,很多儿童吃完饭后径直去看书。由此可见,教师对指令或行为期望的解释可以帮助儿童理解为什么要遵循指令或行为期望,从而引发儿童对规则的内化。

很少攻击和反抗

攻击和反抗行为也被称作"不顺从行为"。有学者认为,这类行为是亲社会价值观内化不佳和亲子关系不良的一个标志。的确,在幼儿期具有这类行为的儿童更容易在以后出现更严重的问题行为。也有学者提出不同的观点,比如,库琴斯基和科汉斯卡(1990)提出,可以将儿童的不顺从行为看作儿童希望成人改变其采用的策略的表现,也就是说,儿童对成人的行为要求不满。这时,成人需要反思自己所提要求的合理性。此外,还有一种观点认为,这种反抗行为体现了儿童自主意识的萌芽,是一种积极的标志(Dix, Stewart, Gershoff, & Day, 2007)。

> **实践链接**
>
> 区角活动之前,孩子们排队准备选取进区卡以进入自己想去的活动区域。(**高频率的顺从**)他们拿到进区卡之后,便安静地走到自己想去的区域里自由游戏了。(**很少攻击和反抗**)

 **思考与练习**

案例 1　过渡环节的行为管理

（背景介绍：圆圈时间，李老师试图让每名儿童听她指令，找对位置坐好，稍后要展开一个关于押韵的舞蹈活动。）

李老师：我希望每个人都站在自己的颜色上，这样你们就可以练习跳舞了。请坐下吧。到这里来，森森，请坐在你的颜色上。不好意思，要坐在绿色上面。我们开始吧。往后退。森森，你需要站到艾老师的旁边，因为大家要在中间跳舞。森森，请往后退。好了，谢谢。请坐下吧。好的，谢谢皮皮找到了他的位置。好。

李老师（开始唱歌）：如果你听到我说摸摸你的鼻子，就摸摸你的鼻子。如果你听到我说摸摸你的耳朵，就摸摸你的耳朵。摸摸你的肩膀，摸摸你的膝盖，摸摸你的头发。做一个球。如果你听到我说把绳子……就是把手放在腿上。

李老师（停止唱歌）：默默，我希望你到这边来。罗老师，能让默默跟着你吗？默默，我希望你坐到罗老师的腿上。

默默：不！

李老师：你往上面爬，很不安全。我们要跳舞了。

默默：不！

罗老师：到这里来，默默。

李老师：我们需要听指令。我们要有一个……不好意思，请保持安静！抱歉，谢谢你们。我们要开展一个有关押韵的舞蹈活动。我们要重复第一个音。默默，我们正在重复你名字的第一个音。特特，在老师讲话时，你要安静点。谢谢你。我们要重复你名字的第一个音。我们要和小乌龟（turtle）一起轮流做。等你做完了，你要去水池那里洗手准备吃午餐。

请你一边阅读，一边用行为管理维度的四个指标（清晰的行为期望、前瞻性、纠正不良行为及儿童行为）以及相关的具体策略对这个案例进行分析。

案例2　数一数是第几个

（背景介绍：集体活动时间，教师让第一排的10个小朋友走到前面，从左到右每个小朋友报出自己排在第几位。）

教师：接下来，我请第一组的10个小朋友上来。他们面向小朋友们排成一排，请你们看看够不够10个，帮我数一下。

教师（指着左边的第一个小朋友）：他排第几？

孩子们（集体回答）：第一。

（教师依次往下指）

孩子们（集体回答）：第二、第三、第四、第五、第六、第七、第八、第九、第十。

教师：刚好10个，是不是？（教师对站在台上的10个小朋友说）他们帮你们数了，现在你们能不能自己数？从这边开始，到你时，你就向前走一步，说"我是××，排第一"，说完就退下来，接着是……

站在台上的儿童：第二。

教师：对，你们真聪明。来，准备好了没有？

站在台上的儿童：准备好了。

（站在台上的儿童依次回答自己的排序）

教师：很好，现在你们都清楚了，是吧？

孩子们：是的。

教师：好了，看前面，小耳朵要认真听，不要看我。我现在请从左往右数的第三个小朋友往前站一步。谁是第三个小朋友？

（第三个小朋友往前站了一步）

孩子们：××。

教师：对了吗？你帮我检查一下。（教师摸着第一个小朋友的头）

第一个小朋友：第一、第二……

教师：从哪边开始数呀？从左往右数。

教师和第一个小朋友：第一。

第一个小朋友：第二、第三。

教师：对了没有？

孩子们：对了。

教师：对了，谢谢你。我们接着从左往右数，请第六个小朋友站出来？

（第六个小朋友往前站了一步）

教师：你们帮我检查一下，从这边数还是从那边数？

孩子们：从左往右。

教师：从左往右数，从这边到那边对吧？不错。

孩子们：第一、第二、第三、第四、第五、第六。

教师：第六个，对吧？好，谢谢你们。

请你一边阅读，一边用行为管理维度的四个指标（清晰的行为期望、前瞻性、纠正不良行为及儿童行为）以及相关的具体策略对这个案例进行分析。

第五章

管理效率维度的解读与案例分析

- ✦ 使学习时间最大化
- ✦ 常规
- ✦ 过渡环节
- ✦ 准备

班级管理领域的第二个维度是管理效率。这个维度的目的是帮助教师深入理解"寸金难买寸光阴"的道理,从而在班级管理方面有效利用时间,让班级如同一台涂了润滑油的机器,能够顺畅地运转。在 CLASS 的研发者们看来,评估管理效率就是评估教师如何通过管理教学时间和常规活动等,让儿童有机会持续地进行学习。

学者们的共识是,管理效率高的班级能够为儿童提供持续的学习机会,减少错过教学指导和儿童问题行为发生的情况。的确,当教师有效且高效地管理班级时,儿童四处游荡和无所事事的机会就会被降到最低。当然,自选活动时间,儿童在班级舒适区"做白日梦"的行为除外,因为这种行为是儿童参与活动的一种表现,对他们的心理健康和情感发展有益,值得鼓励。当儿童全身心地投入游戏和活动中时,他们就懂得了不要把时间浪费在消极的徘徊和等待等无意义的事情上。儿童的这种意识会让他们终身受益。比如,上小学后,他们会把时间用在学习上,而不是磨蹭、发呆或者沉浸在电子屏幕中。

管理效率维度主要由以下指标或策略构成(见表 5.1)。

表 5.1　管理效率维度的指标或策略

指标	使学习时间最大化	常规	过渡环节	准备
行为描述	• 提供活动 • 完成活动后可以选择 • 很少干扰 • 有效完成管理任务 • 有节奏	• 儿童知道要做什么 • 清晰的指导 • 很少走神	• 简明扼要 • 明确下一步 • 蕴含学习机会	• 材料准备好且易拿取 • 了解课程

◤ 使学习时间最大化 ◢

教师要充分利用儿童在班级里的时间,为儿童提供学习机会,并让学习时间得到最大化利用。

提供活动

在幼儿园里，教师为儿童布置环境、准备材料、提供活动，并有序且富有吸引力地摆放材料，让儿童一进入班级就可以马上投入学习中。在我女儿小的时候，这个策略对她很有帮助。那时，家里非常拥挤，她的很多玩具需要被收纳到橱柜里，而她即使知道橱柜里有玩具也从不去翻找。于是，我每天都会把几样她当下感兴趣的或者我希望她产生兴趣的玩具摆在地毯上，或者放在透明的塑料盒子里，便于她发现和摆弄。

早晨入园时间，教师已经在活动区准备好了材料：在美术区，摆放了做风筝的材料，供儿童玩这段时间都很喜欢的风筝制作活动；在自然角，投放了新鲜的桑叶、放大镜等，供儿童观察蚕宝宝和给蚕宝宝喂食；在阅读区、娃娃家、益智区、建构区等也提供了相应的材料，只要儿童到了教室，就可以在这些区域里操作和摆弄。

完成活动后可以选择

当儿童结束了一项活动并清理完毕后，教师应允许他们选择其他活动继续参加。然而，在有些班级里，儿童极少有做选择的机会，因为教师替他们做决定是班级的一贯作风。他们学会了听从教师的指令行事，久而久之就养成了事事依赖成人的思维惰性，一旦失去教师的决策就不知所措。因此，在幼儿园班级里，教师要允许、提醒和鼓励儿童做出选择，培养他们独立做决定的习惯，因为只有自己独立做出决定，执行的效率才会高。

区域活动时，丽莎在美术区剪了3个窗花后，就不想继续在美术区玩了。教师看到后，问她："你接下来想去什么区域，想玩什么？"丽莎说："我想去建构区搭建轨道，跟其他小朋友比赛看谁的小车跑得快。"教师点点头，提醒她收拾好美术区自己用过的工具和材料后就可以去建构区了。

很少干扰

教师应将教学干扰的数量、持续时间和影响最小化。在幼儿园的一日生活中，总有各种各样的事情打断教学和儿童的游戏。教师要有意识地减少没有必要的外界干扰，即使有干扰，也要让这些干扰对儿童活动的影响最小化。

当教师和小杰在阅读区共读一本新书时，有几个在建构区玩的孩子过来找教师寻求帮助。他们的声音影响了正在看书的小杰，于是教师把这几个孩子带到一边去讨论问题的解决方案，给阅读区留下一个安静的环境。

有效完成管理任务

教师在组织教学的过程中，有时需要处理一些紧急的或临时性的事务。管理效率高的教师会尽可能以最少占用教学时间的方式处理这些事务，比如在处理这些事务时让儿童有事情可做。

有节奏

当教学的进度或节奏适当时，就能满足大部分儿童的学习需要。古德、格鲁斯和贝克尔曼（Good, Grouws, & Beckerman, 1978）分析了一到九年级若干平行班中整体数学成绩和数学教学节奏之间的关系，发现整体数学成绩比较好的班级平均在80天里学了90页的内容，整体数学成绩差的班级平均在80天里学了56页内容。这项研究说明，符合班级儿童当下发展水平的教学节奏是有利于儿童的学习的。

在阅读了绘本《比萨日》（*Pizza Day*）后，教师询问儿童："你们最喜欢的食物是什么？"在几名儿童分享完毕后，教师请班里所有儿童跟旁边的小朋友说说自己喜欢的食物，既让每名儿童都表达了自己的想法,又节约了时间,保证了适度的教学节奏。

＊　＊　＊

在幼儿园的"各种各样的味道"主题教学活动中,教师为了让每名儿童都尝到水果的不同味道,同时避免逐一传递食物所造成的对时间的浪费,于是将切好的水果装在六个盘子里,让每一排儿童从两头往中间传。这样既加快了分水果的速度,又保持了课堂节奏的紧凑。

 实践链接

> 自由游戏时间,教师和一组孩子一起布置主题为"神奇的笔"的班级墙面,孩子们根据自己的想象在彩纸上画了各种有创意的笔,然后由教师把它们贴在墙上。(有节奏)一个孩子不想再画了,于是走到图书区拿了一本书坐下安静地阅读。(完成活动后可以选择)在班级的其他区域里,孩子们也忙着做自己的事情:有的在戏剧区排练表演"神笔马良",有的在益智区用插片进行拼搭等。(提供活动)这时,保健医生走进教室询问教师今天到园儿童的人数,教师走到办公桌前看了看出勤簿,并告诉保健医生实际的出勤人数,然后继续回去布置墙面。(很少干扰)自由游戏时间快要结束的时候,教师播放音乐请孩子们自己收拾玩具,已经收拾好的孩子可以如厕、喝水。(有效完成管理任务)

常　规

常规是指每天在同一时间以同样的顺序进行同样的活动,这种固定的顺序有利于儿童预见环境的变化,并培养儿童适宜的行为

（Cassidy，1992；Milan et al.，1981）。《幼儿园教育指导纲要（试行）》明确要求幼儿园要科学、合理地安排和组织一日生活，建立良好的常规，避免不必要的管理行为，逐步引导儿童学习自我管理。在这里，常规的目的是以儿童为本促进儿童的健康发展，同时使教学活动和活动环节的转换更加有序，形成良好的工作氛围和教育环境，提高工作效率。

儿童知道要做什么

在幼儿园里，班级每天的活动顺序或作息时间都非常规律，每名儿童都知道自己在各个时段应该做什么以及如何做。这个行为指标从儿童的行为角度出发检验了教师的期望是否清晰、执行是否始终如一，以及是否允许儿童选择。当儿童清楚教师的期望、班级的规则以及自己的选择权时，他们自然就会知道自己应该在各个时段做什么以及如何做。反之，当教师的指令不清晰、执行不一致，或者当教师采取高控的方式管理班级时，则是另外一番景象，此时儿童要么不知道如何行事，要么不敢主动采取行动，生怕动辄得咎，让教师生气或者被教师批评。

清晰的指导

教师提供清晰的教学指导，可以让所有儿童都能理解教师的教学要求。比如，在"用纸折水鸟"活动开始前，教师除了借助大示意图和儿童讨论、讲解折纸步骤外，还在每组儿童的桌子上放了一张打印的示意图，向儿童说明如果遇到困难可以看示意图，也可以向同桌的小朋友请教。又如，教师在儿童吃点心前告诉儿童，他们吃完点心、收拾好后就可以去看书，阅读区的桌子上放着教师带来的新书。于是，儿童就按照常规要求，吃点心、洗杯子、把杯子放回架子上、擦嘴巴和手，然后去看书。

很少走神

在幼儿园一日生活中，儿童专注于游戏和教学活动，很少分心。

 实践链接

一天早上，几个孩子很早就到幼儿园了，他们把自己的书包放好后就去搬了自己的椅子。（*儿童知道要做什么*）教师告诉他们时间还早，他们可以去图书区看一会儿书。（*清晰的指导*）于是，他们便坐在图书区的小沙发上专心致志地看自己喜欢的绘本。（*很少走神*）

过 渡 环 节

过渡环节是指由一个活动过渡到另一个活动的中间过程。在幼儿园一日生活中，不可避免地有很多过渡环节。组织良好的过渡环节可以协助儿童做好参与活动的身心预备，帮助儿童养成生活有序的良好习惯，促进他们安全感、秩序感与自主性的发展。组织不佳的过渡环节则易造成消极等待，让儿童处于不作为、无所事事的状态，浪费宝贵的学习时间。教师掌握有效管理过渡环节的方法，会受益良多。

阿林（Arlin，1979）观察了50位实习教师在小学实习时，在有过渡环节的教学和没有过渡环节的教学中，儿童出现无关行为（即与教师的任务要求无关的行为，比如在教师要求安静看书时与旁边的同学讲话）的情况。观察发现，在没有过渡环节的教学中，儿童出现无关行为的平均值为每10分钟3.76人次；在有过渡环节的教学中，儿童出现无关行为的平均值为每 10 分钟 6.94 人次，二者存在显著差异。这一结果表明：没有过渡环节的课堂总体而言更为流畅，儿童的无关行为更少。因此，教师应尽量减少不必要的过渡环节，以提高教学的流畅性。

之后，阿林继续观察了 50 位实习教师组织过渡环节的方式与儿童的无关行为的关系。观察发现，当实习教师在过渡环节前提出明确的指令时（比如，在儿童上完体育课回到教室时，教师说："请大家在座位上坐好，拿出课本，我们 3 分钟后开始上课"），儿童的无关行为较少；当教师没有用指令引导过渡环节时，儿童的无关行为显著增加。这一结果说明：明确的指导对过渡环节的有效开展非常重要。

简明扼要

过渡环节紧凑、不拖沓，同时教师用简明的语言说明过渡环节的注意事项。

当儿童从户外游戏回到教室后，教师说："洗手，小便，喝水！"儿童听到后有序洗手，然后根据自己的需要如厕或喝水。有的儿童很快就完成了，然后与往常一样拿了一本书坐在座位上阅读，等着下一个环节的开始。

明确下一步

教师事先告诉儿童过渡环节之后要做什么。

美术活动结束了，教师告诉儿童在收拾整理完毕后，大家要一起读一本有关科学探险的绘本。于是，儿童在收拾整理好美术材料后，自动地搬着小椅子坐到阅读活动的位置上，等着阅读活动的开始。

蕴含学习机会

教师可以将过渡环节当作儿童学习的机会，在其中加入一些复习、巩固旧知识或者学习新知识的内容。对于在过渡环节融入学习机会，很多教师已经非常有经验了，比如教儿童唱儿歌或者背诵诗词等。教师还可以在过渡环节结合当下的学习内容和儿童的兴趣点开展活动。比如：如果儿童正在学习写自己的名字，那么在过渡环节可以请他们找找自己的名字；如果儿童正在学习单双数，那么在过渡环节可以请学号是单数的儿童先离开座位，然后再让学号是双数的儿童离开；如果儿童正在学习认知颜色，那么在过渡环节可以请穿红色衣服的小朋友先做准备，然后是穿黄色衣服的小朋友，之后是穿蓝色衣服的小朋友；如果儿童正在学习日期的概念，那么在过渡环节可以带领儿童进行对于生日月份的学习。当然，教师嵌入的学习机会不一定适合所有的儿童，只要能兼顾大多数儿童就可以。

 实践链接

当音乐停止时，孩子们马上坐下来看着教师。教师说："小朋友们，我们接下来要开始区域活动了（**明确下一步**）。请穿红色衣服的小朋友先去选择你们想进的区域（**蕴含学习机会**）。你们要先把自己的小椅子搬回去，再去拿进区卡（**简明扼要**）。"之后，小朋友们就开始行动了。

分享与讨论

请分享一两个你平时组织过渡环节的具体事例。你说了什么或者做了什么来让孩子们从一个活动过渡到另一个活动？孩子们是如何反应的？分小组讨论过渡环节的组织中还有哪些值得注意的地方。

准 备

在幼儿园的教室里，一谈到准备，我们要说的东西有很多。但是，CLASS 只关注如下两个方面的准备。

材料准备好且易拿取

活动前，教师将需要用到的材料准备好并且放在适合儿童拿取的位置，不让他们因为拿取材料而浪费学习时间。从环境设计的角度出发，我们强调材料的易取得性，即把材料放在活动区内且方便儿童拿到。比如，建构活动所需要的辅助装饰材料，最好都摆在建构区里面或者附近的材料供应区，这样做对于活动的顺利展开和儿童投入活动的状态都有帮助。又如，教师将美术区的各种创意美术材料（如鹅卵石、亮片、超轻黏土、油画棒、颜料、棉花等）装在材料筐中，并有序地摆放在开放式的矮柜子里，方便美术区有需要的儿童随时取放。

在科学活动"有趣的弹性"开始前，教师准备了大量生活化的材料，如弹簧秤、皮筋、弹跳球、弹簧玩具等，以便儿童感受物品的弹性。为了让活动开展得更顺畅，教师事先用材料筐装好不同类型的弹性材料，并摆在桌子上，但为了不分散儿童的注意力，教师用桌布把材料遮住。到了探究环节，教师直接掀开桌布就可以让儿童自由拿取材料了。

了解课程

教师在活动开始前已经对课程做了充分的准备，对课程内容和教学过程非常熟悉，以便教学顺畅地进行。这是对教师的基本要求。比如：在带领儿童学习儿童诗之前，教师要先了解这首诗；在引导儿童讨论动物的不同过冬方式之前，教师要先掌握动物都有哪些过冬方式，以及儿童熟知的各种动物的过冬方式有哪些。在集体教学活动中，很多时候教师缺乏有效的反馈，这归咎于他们对课程内容的不了解。比如，在一节关于中国神话故事的语言课上，教师请孩子们说一说他们知道的神话故事。有小朋友列举了《小马过河》这一故事，教师反问道"《小马过河》是神话故事吗？"，然后把话题扯开，没有就儿童混淆了的神话故事和童话故事的概念进行澄清，而是将其悬置、置之不理。因为教师没有透彻了解课程内容而导致讨论落空的现象非常普遍。当然，幼儿园教师不可能是"万事通"，但是针对本节课的核心概念和主要材料，教师要了然于胸才行。对于自己也不知道答案的问题，教师可以在课后查找资料，补充相关知识，也可以带着儿童一起寻找答案。

实践链接

在开展圆圈活动前，教师把圆圈区的椅子挪走，让大家有更多的空间。当小朋友们来到圆圈区时，教师给每人发了一顶帽子，有灰色的、红色的、蓝色的。教师自己则戴了一顶格子帽子，手里拿着绘本《卖帽子》[①]（*Caps for Sale: A Tale of a Peddler Some Monkeys and Their Monkey Business*）。（**材料准备好且易拿取**）她告诉小朋友们："我们要大声读这本书，然后把里面的故事表演出来，小朋友们扮演猴子，我扮演卖帽子的人。"（**了解课程**）

* * *

集体活动开始之前，教师准备了很多不同种类的纸，如

[①] 该书的简体中文版已由明天出版社于2018年出版。

宣纸、打印纸、彩纸、皱纹纸、吹塑纸等。在孩子们坐好之后，教师随机给每组孩子分发了材料（**材料准备好且易拿取**），并告诉他们："今天我们要一起观察一下这些纸都有什么特征。"（**了解课程**）

分享与讨论

说说你平时在活动前如何为达到"材料准备好且易拿取"以及"了解课程"这两个指标做准备？在平时的活动准备过程中，除了上述两个方面，你还会做哪些准备？请举例说明。

案例 1　过渡到区域活动

（背景介绍：这是一个区域活动前短暂的过渡环节。教师首先让穿着红色衣服的儿童搬着椅子打卡后坐到相应区域进行活动，等大部分穿着红色衣服的儿童就位后，教师请数学区的儿童搬着椅子打卡后开始区域活动。最后，教师让剩下的儿童按照性别顺序到相应的区域进行活动。）

教师：我要请一些小朋友去打卡了。请穿红色衣服的小朋友去打卡。

（穿着花色衣服的儿童 A 搬起椅子想去打卡）

教师（对儿童 A 说）：你没有穿红色衣服哦。

（儿童 A 搬着椅子回到原位）

正在等待的部分儿童：按颜色打卡。

儿童B（对儿童C说）：排队打卡！

教师：数学区的小朋友去打卡。

儿童D（对儿童E说）：你是黑色衣服、黑色衣服。

（儿童E搬起椅子想去打卡）

教师（对儿童E说）：不是黑色衣服。

（儿童E搬着椅子回到原来的位置）

教师：好，剩下的女孩去打卡。

教师：好，剩下的男孩去打卡

请你一边阅读，一边用管理效率维度的四个指标（使学习时间最大化、常规、过渡环节及准备）以及相关的具体策略对这个案例进行分析。

案例2　先做完的儿童去帮助同伴

（背景介绍：在儿童自由创作阶段，教师巡回指导，并引导已经完成作品的儿童帮助未完成作品的同伴。）

教师（对儿童A说）：××，你做完了吗？把做好的放这边，然后去洗手吧。

（儿童A顺着教师的指引，放好作品准备离开）

教师（对儿童A说）：你帮一下你旁边的××，好不好？

（教师带着儿童A回到原来的位置，儿童A点点头）

教师（走到儿童B旁边，对他说）：不要黏在一起。你也去帮帮旁边的小朋友吧，问问他哪里需要帮忙。

（教师带着儿童B到另一张桌子旁）

教师（对儿童B说）：你帮他粘那张图吧。

教师（对儿童C说）：你要不要他帮忙呀？让他帮你忙吧，很棒！

（教师摸了摸儿童B的头，然后来到儿童D的面前，牵着儿童D的手来到儿童E旁边）

教师（对儿童D说）：××在剪圆形，你帮帮他吧！你帮他剪些圆形，你问他要什么颜色的。

教师（对儿童E说）：你要什么颜色的圆形？

（儿童E指了指面前白绿色的圆形）

教师（对儿童D说）：啊，他要这种圆形。你帮帮他剪几个这种圆形吧。

教师（对儿童E说）：你要先贴，这个贴哪里？

（教师走到桌子的另一边）

教师：××的好漂亮，贴完了没有？

（教师环顾了周围儿童的作品）

教师：小朋友们，快一点呀，××小朋友已经贴完啦。

请你一边阅读，一边用管理效率维度的四个指标（使学习时间最大化、常规、过渡环节及准备）以及相关的具体策略对这个案例进行分析。

第六章

教学指导形式维度的解读与案例分析

- ✦ 有效的促进
- ✦ 形式和材料的多样性
- ✦ 儿童感兴趣
- ✦ 对学习目标的澄清

教学指导形式关注教师如何在教学活动中最大限度地激发儿童的兴趣、参与和学习能力。说到兴趣，我们可能会自然地联想到前面第三章讲到的关注儿童观点维度。在那个维度中，我们观察与评估教师如何关注儿童的兴趣，并且将其有机地融入课程设计与教学中。在这个维度，我们关注的是教师如何使用策略来激发与保持儿童对活动和游戏的兴趣，因为对班级活动感兴趣并且积极参与的儿童往往可以学到更多。同时，通过让儿童对活动感兴趣并且积极参与，教师可以保证儿童在教学指导中最大限度地受益。

建构主义理论提倡教师指导下的、以学习者为中心的学习。它既强调学习者的认知主体作用，又不忽视教师的指导作用，认为教师是儿童意义建构的帮助者、促进者，而不是知识的灌输者。而要成为儿童意义建构的帮助者和促进者，教师就要在教学过程中发挥指导作用。教师的指导作用主要体现在三个方面：①激发儿童的学习兴趣，帮助儿童形成学习动机；②通过创设符合教学内容要求的情境和提示新旧知识之间联系的线索，帮助儿童建构当前所学知识的意义；③为了使意义建构更有效，教师应在可能的条件下组织儿童进行协作学习（开展讨论与交流活动），并对协作学习过程进行引导，使之朝着有利于意义建构的方向发展。

从建构主义理论我们可以推论出，教师在教学设计和实施过程中需要发挥创意，运用多种方式引起和保持儿童的兴趣。比如，有的儿童喜欢看图片和照片，有的儿童可能喜欢角色扮演游戏，也有的儿童可能偏爱文字的描述。因此，不同的方式对不同的儿童有不同的效果。教师要通过多种方式鼓励儿童参与活动和讨论。除了教学环节，评估环节也同样需要考虑多种方式。比如，在学习完绘本《好饿的毛毛虫》[①]（*The Very Hungry Caterpillar*）后，教师应允许儿

[①] 该书的简体中文版已由明天出版社于 2017 年出版。

童用多种方式表达自己对故事的理解，以评估儿童的故事理解能力。有的儿童喜欢用自己的话重述故事，有的儿童喜欢通过表演来演绎自己对故事的理解，有的儿童喜欢续写故事结尾，还有的儿童喜欢用纸笔勾选图片中所代表的正确答案。

美国认知教育心理学家戴维·保罗·奥苏贝尔（David Pawl Ausubel）提出了有意义学习的理论，把学习分为机械学习与有意义学习。有意义学习的过程，就是使符号所代表的新知识与学习者认知结构中已有的适当概念建立实质性的联系。有意义学习的条件有以下三个，只有同时满足了这三个条件，儿童才有可能进行有意义学习。

（1）学习材料本身必须具备逻辑意义。学习材料的逻辑意义，是指学习材料本身与人类学习能力范围内的有关观念可以建立非人为性的、实质性的联系。如果学习材料本身不具备逻辑意义，也不表征任何实在的意义，那么它也不可能通过有意义学习来掌握。这一点在大部分幼儿园班级中得到了很好的体现，因为随处可见为儿童提供的与他们息息相关的真实材料。

（2）有意义学习的心向。有意义学习的心向，是指学习者能积极主动地在新知识与已有适当观念之间建立联系的倾向性。它在某种程度上决定了学习者所进行的是否为有意义的学习。缺乏有意义学习心向的儿童，在面对有逻辑意义或潜在意义的材料时，往往不会主动地寻求新旧知识之间的联系，而是机械地按照字面的表述死记硬背。这一点在CLASS的认知发展维度有非常翔实的体现，尤其是与儿童生活结合的指标和策略。我们在这里就不再赘述，读者可以参考本书第七章的内容。

（3）学习者认知结构中必须具有适当的知识，以便与新知识建立联系。认知结构对有意义学习的影响，主要取决于原有知识的可利用性、新旧知识之间的可辨别性以及原有知识的稳定性和清晰性。其中，可利用性是指学习者已有的认知结构中存在可以与新知识发生有意义联系的适当观念；可辨别性是指新的学习材料与原有的起固定作用的知识之间的可分化程度，要求新旧知识之间差异较大；原有知识的稳定性和清晰性是指学习者对原有知识的理解是否明确无误，是否已经巩固。同样，这一点在 CLASS 的认知发展维度也有非常翔实的体现，尤其是有关融会贯通的指标和策略。我们在这里就不再赘述，读者可以参考本书第七章的内容。

先行组织者策略是奥苏贝尔针对有意义学习内部条件中的认知发展维度提出来的，具体指在学习新知识时呈现一种起组织作用的、抽象概括化程度较高的材料，把新的内容与儿童已有的知识联系起来，帮助儿童组织要学习的知识。先行组织者具有教学定向的作用，是为儿童学习新知识提供的一个要领性和概括性的参考框架，并以一种有组织的形式把新的内容、观点、概念和事实纳入该结构框架之中。先行组织者是教师在学习任务之前展示给学习者的引导性材料，它比学习任务具有更高一层的抽象性和包摄性。它让学习者用先前学过的材料去解释、整合和联系当前学习任务中的材料，并帮助学习者区分新材料和以前学过的材料。

我们有必要在幼儿园班级里使用这一策略吗？研究结论给出了肯定的答案。此外，我们通过实践经验和观察发现，教师能够在活动开始时清楚地与儿童交流目标、在活动过程中提醒儿童注意活动的目标，并在活动最后使用总结策略，这无论对儿童的活动参与和投入度还是学习的效果都有帮助。

分享与讨论

描述一个你利用各种不同的材料和形式让儿童参与活动的例子。你说了什么或者做了什么来促进儿童参与这个活动？儿童是怎样反应的？

表 6.1 所展示的是教学指导形式维度的具体指标。

表 6.1 教学指导形式维度的指标

指标	有效的促进	形式和材料的多样性	儿童感兴趣	对学习目标的澄清
行为描述	• 教师参与 • 有效的提问 • 扩展儿童的参与	• 听觉、视觉及运动机会的范围 • 有趣且富有创造性的材料 • 操作的机会	• 积极参与 • 倾听 • 集中注意力	• 先行组织者策略 • 总结策略 • 重新引导式陈述

有效的促进

有效的促进是指教师以一种能够提高儿童参与度的方式促进儿童正在进行的课程和活动。

教师参与

一位园长曾向我描述了幼儿园开展区角游戏时教师的繁忙状态，她说："我总觉得我们的老师像蜜蜂一样繁忙，一会儿飞到这里看一下，一会儿飞到那里问几句。但是，这种繁忙到底起到什么作用就不好说了。"亲爱的老师，如果你也有同感，那么我可以肯定地告诉你，这样的行为可以促进儿童对游戏和学习活动的持续参与。但是，它是否促进儿童的深度学习或认知、语言等各方面的发展，我们就要从教学支持的三个维度去评估了。如果教师的参与既能提高儿童的参与度，又能促进儿童的发展，那么教师无疑表现出了高水平的互动。

有效的提问

教师应通过提问来提高儿童对课程及活动的参与度和兴趣，深化他们的理解。的确,提问是我们最常用的促使对方倾听和持续参与对话或讨论的策略。教师的有效提问会促进儿童对活动内容的思考,激发他们产生新的想法和兴趣。当教师的提问与活动相关且扩充了儿童对活动经验的理解时,这样的提问才是有效的提问。比如,在区角活动中,当教师看到一个男孩用积木搭轮船时,他问男孩:"为什么用长积木围着轮船?"男孩激动地解释说它们是轮船上的栏杆,可以防止船上的人掉到水里。教师接着问:"还要加些什么东西来保护轮船上乘客的安全?"男孩开始添加其他东西,如灭火器和救生衣。

扩展儿童的参与

除了参与儿童的游戏活动以及提问外,教师还可以通过肢体暗示和提供材料等方式扩展儿童参与的广度和深度。

> **实践链接**
>
> 几个孩子在超市区和教师一起游戏,教师拿了一些彩纸去结账。(*教师参与*)孩子把彩纸装进一个袋子里,然后向教师收了钱。教师拿过袋子后,问道:"请问我的购物小票呢?"(*有效的提问*)"哦,请稍等。"另外一个孩子找来一张纸,开始在上面画彩纸的图案,然后写上了购物金额。(*扩展儿童的参与*)

形式和材料的多样性

在幼儿园里,教师习惯采用多种形式的教学。比如,既有集体活动,又有小组活动和自由游戏。不同形式的教学活动适合不同的教学内容,而且不会让儿童产生厌倦感。即使在集体活动中,儿童也需要多样性来保持热情与参与度。比如,听教师讲解15分钟,然后参与几分钟的小组讨论,之后再独自或者小组合作操作一会儿材料,最后全班儿童一起听教师总结和同伴分享。在这种多样性的教学模式中,儿童比较容易集中注意力。

听觉、视觉及运动机会的范围

教师在授课或组织活动的时候可以为儿童提供使用听觉、视觉或运动的机会,调动他们的多元智能,使其积极参与。每名儿童的学习优势不同,有的擅长听,有的擅长看,有的只有通过动手操作才能学会。不管儿童偏爱怎样的学习方式,教师都应该帮助儿童成为成功的学习者。比如,教师在阅读区给儿童讲故事的时候,可以提供有关故事情节的图片,让儿童在听到故事情节的时候走到画板前,将图片贴到相应的位置上。

有趣且富有创造性的材料

当材料有趣且富有创造性时,儿童自然会被吸引。对儿童而言,很多开放性材料都是如此,比如艺术区中各种不同的笔、纸、橡皮泥和纸巾,书写区中不同的信封、胶水、邮票以及一个可以放信件的邮箱等。教师也可以根据所开展的活动制作有趣的材料,以吸引儿童参与。比如,孩子们围坐成一圈,随着教师朗读《叽喀叽喀蹦蹦》[①](*Chicka Chicka Boom Boom*)的韵律拍打自己的大腿。朗读完毕,教师给每名儿童分发一个绒布做的字母,并且拿出一个绒布做的椰子树。之后,教师一边复述故事,一边邀请儿童在听到自己手

---

① 该书的简体中文版已由光明日报出版社于2017年出版。

中的字母被念到时把字母放到树上。

操作的机会

动手操作的机会对儿童的学习极其重要。"我行即我思"是蒙台梭利教育创造的一句名言。因此，在前面两个策略的基础上，我们还要强调个体操作机会的重要性。很多时候，尤其是在集体活动中，让每名儿童都操作是比较费时间的，同时这也意味着教师要做更多的准备工作。但是，这种操作的作用是不可估量的。比如，在学习沉与浮的科学活动中，当一组儿童有操作机会的时候，他们比只有教师示范的对照组儿童更容易掌握相关的概念。由此可见，虽然为每名儿童提供操作机会看似烦琐且浪费时间，但是值得的。又如，很多幼儿园教师不愿意在班级里摆放沙桌和水桌，担心教室环境被弄脏、弄乱，不容易清理。但是，他们低估了儿童玩沙水游戏的好处。沙水游戏除了让儿童可以探索科学概念外，还是为数不多的对儿童而言没有攀比压力的游戏，他们不用担心别人比自己玩得好。因此，在沙水游戏中，儿童可以体验成功，释放一日活动带来的压力，从做中学。

 实践链接

在"有趣的纸"活动中，教师给孩子们准备了不同种类的纸，并说："小朋友们可以看一看、摸一摸、揉一揉，用各种方法发现纸的特点。"（*听觉、视觉及运动机会的范围*）在孩子们观察和了解了每种纸的特点之后，教师又说："请小朋友们开动脑筋想一想，这些不同的纸可以用来做什么？"（*有趣且富有创造性的材料*）当孩子们分享了自己的想法之后，教师请他们利用这些纸创作艺术作品。（*操作的机会*）

儿童感兴趣

儿童对活动感兴趣，也是评估教师的教学指导形式有效性的一个重要指标。当儿童对活动感兴趣时，他们才会积极参与、认真倾听并集中注意力。

积极参与

儿童对活动感兴趣，最直接的表现就是参与活动。我的儿子上小班时，最不喜欢的区角是艺术区，因为他的精细动作发展还不成熟，而艺术区的材料需要很好的精细动作技能。所以，他总是逃避去艺术区，有时即使教师要求他做什么东西，他也是应付一下就逃走了。相反，他非常喜欢去角色游戏区，这个区角的活动很考验儿童的社会性发展水平，而这恰恰是他的强项。为了吸引他去艺术区，教师想到的办法是陪着他去艺术区制作艺术品，一边制作一边交流，并适时地给他提供帮助，这大大提升了他的活动积极性。

倾听

倾听是一项非常重要的基本学习能力。很多活动的顺利开展，都需要儿童倾听教师以及同伴的指令、讲解和描述。

集中注意力

当儿童不能集中精力或者不认真倾听的时候，我们都将其视为"没有参与"。这时候，教师讲解或同伴分享的效果就会大打折扣。当儿童觉得活动很无聊的时候，容易出现这种现象。此外，当儿童静坐倾听的时间太久时，他们的注意力也会无法集中，需要学习模式的切换。

实践链接

教师带领孩子们玩听数字找朋友的游戏,并说:"我们先围着圆圈走,然后小朋友们听到数字几,就需要几个好朋友抱在一起。"孩子们都围成圈,认真地听教师说规则。(倾听)游戏开始了,当教师说"三个人"的时候,孩子们立刻三个三个地抱在一起。(积极参与)在所有孩子都找到伙伴之后,教师又请他们相互检查,看看是不是都找对了。(集中注意力)

对学习目标的澄清

教师可以采用以下策略澄清学习目标。

先行组织者策略

虽然在幼儿园里,儿童会有一些目的不明显的自由游戏,但是随着游戏经验的丰富,他们的目的性会越来越强,而这种带有目标或目的的游戏和学习对儿童而言是有益的。在日常教育教学中,教师可以采用先行组织者策略引起儿童对于教学目标的注意。比如,教师在读故事之前可以对儿童说:"让我们先看看这些图片,这样我们就知道这个故事可能会讲什么了。"

总结策略

在活动结束的时候,教师可以使用总结性陈述让儿童对游戏或活动的目的更加明确。比如,教师说:"我们刚刚讨论了故事里好饿的小蛇一直在吃东西,那么它都吃了哪些食物呢?"

重新引导式陈述

成人都有说话、写文章跑题的时候,更何况是儿童,他们常常在回答问题、讨论甚至游戏的时候忘记自己的目标和目的是什么。这时候,教师可以通过重新引导的方式提醒儿童,将他们的注意力重新集中到教学目标上。例如,教师可以说:"刚刚我们聊得有些远了,我们讨论的是小蛇吃了什么,而不是我们大家喜欢吃什么。让我们接着看故事。"

 实践链接

> 在观察完印章的凹和凸之后,教师总结道:"印章上凸出来的图案会被印在纸上,而那些凹进去的图案不会被印在纸上。"(**总结策略**)她拿出提前准备好的胡萝卜、土豆等材料,并告诉孩子们:"接下来,小朋友们可以在这些胡萝卜和土豆上刻自己喜欢的印章图案,但是请你们考虑好哪些地方应该是凹进去的,就把它刻掉。"(**先行组织者策略**)一个孩子用笔给胡萝卜画上了眼睛和嘴巴,教师看到后说:"你的胡萝卜长了眼睛和嘴巴,真的很可爱。但是我们现在要做的是印章,请你在切面,也就是那个平的面上画你想要的印章图案。如果你喜欢笑脸的话,也可以刻带有一个笑脸的印章。"(**重新引导式陈述**)

案例 1 用手偶协助讲故事

(背景介绍:以下是一位教师引导两名儿童利用手偶进行角色游

戏的片段。游戏围绕《三只小猪》的故事展开，教师扮演一只小猪，儿童A扮演大灰狼，儿童B扮演另外两只小猪。）

教师（戴着小猪手偶）：它（大灰狼）会说什么？它敲了敲门（教师用手敲了地板三下）。

儿童A（戴着大灰狼手偶）：小猪，小猪，快让我进来。

儿童B（双手戴着小猪手偶，跟着教师一起说）：休想，那是不可能的事情！

儿童A（挥舞着大灰狼手偶）：我吹！我吹！我要把你的房子吹倒。呼……

教师（挥舞着小猪手偶）：哦，不，它（小猪1号）跑来和你（小猪2号）一起生活了，它来到了你的房子。它现在在你的房子里面了。好吗？

儿童B：好的。

教师：好，现在大灰狼又来了。

儿童A：我吹！我吹！呼……（儿童A用一只手捂着嘴犹豫地看着教师）

教师（对儿童A说）：没关系，继续吧。

（儿童A挥舞着手臂）

教师：大灰狼说了什么？他说……

儿童A：小猪，小猪，快让我进来！

教师（将手偶盖在儿童B的手上）：休想，那是不可能的事情！

儿童A：我吹！我吹！我要把你的房子吹倒。呼……

（教师假装手偶被吹飞）

教师：它们跑了出去，它们正在逃离破损的房屋。哦，然后发生了什么？接下来发生了什么？

儿童A：小猪，小猪，快让我进来。

儿童B和教师：休想，那是不可能的事情！

儿童A：我吹！我吹！我要把你的房子吹倒。呼……

教师：发生了什么？大灰狼没办法吹倒这间房子，它太坚固了。它变得很愤怒，是吗？

教师（问儿童A）：大灰狼做了什么？

儿童A：它爬上去……

儿童B：它爬上去，然后摔倒了。

儿童A：不！那是我的想法。

教师：好的，所以它爬上去，然后发生了什么？

儿童A：然后，它从烟囱跳了下去。

教师：我的天啊，它从烟囱跳了下去。

儿童A（扮演大灰狼说道）：晚餐时间到！

教师：然后小猪们做了什么？

儿童A：然后，它们放了个锅。

教师：它们放了个锅，烧一整锅的沸水，就在火炉里面。

儿童A：然后它（大灰狼）烫到了自己的屁股。

教师：它烫到了屁股，然后就跑了。然后，它们（小猪们）再也没有见过这只大灰狼，对吧？

请你一边阅读，一边用教学指导形式维度的四个指标（有效的促进、形式和材料的多样性、儿童感兴趣及对学习目标的澄清）以及相关的具体策略对这个案例进行分析。

案例2　数图形填表

（背景介绍：本活动中，教师邀请儿童从袋子里摸出所有图形摆在盘子里，引导他们数清楚每种图形的数量，并用铅笔把数量记录在图形统计表里。）

教师：我们先进去摸一摸，咚咚！（教师从袋子里面掏出一个塑料图形）你们摸到什么图形就把这个图形放到统计表上面。要全部摸完才可以写。

教师（对儿童A说）：你还没摸完，你要摸完才可以写。

教师：继续摸第二个，看看能摸到什么？

（教师一边将摸出的图形放到统计表上，一边观察儿童的操作）

教师：老师摸到圆形啦！

教师（看着儿童B说）：我要表扬你，你很聪明，很快就把图形摆好啦！

教师（把椭圆形展示给儿童看）：老师摸到了椭圆形，我把椭圆形放到这里。

教师（对儿童B说）：等一下再做，我们等所有的小朋友把所有的图形都摸出来了再做。

儿童C：我没了。

（儿童D拿起铅笔）

教师（对儿童D说）：你摸完了吗？你的袋子里面还有没有图形？

儿童D：还有。

教师：那你需要把它们摸完再写。

部分儿童：老师，我摸完啦。

教师：有些小朋友分不清圆形和椭圆形，旁边的小朋友请帮个忙。

教师：好，都摸完了没有？××，你摸完了没有啊？

（教师环视了一圈，发现大家基本都摸完了图形）

教师：好，我们来数一下圆形有多少，好吗？

孩子们：一、二、三……

教师：好，数到三个圆形的小朋友，请用铅笔在统计表的最后一个空格里写上你摸到的圆形的数量。

儿童C（指着统计表问）：是这个吗？

教师：对。

儿童E（指着统计表问）：是这个吗？

教师：对，在最后一个空格里写上数量。

儿童C（对儿童F说）：老师没叫你写完它。

教师：哦！你如果觉得空格不够，就把统计表拿出来放在桌子上再画一格。然后，再数一下三角形有多少个。

孩子们：一个。

教师：有一个，那就把三角形的数量写上去。

孩子们：老师，写好了。

教师：好，我们再来数一下正方形有多少个。

孩子们：一、二。

教师：那就把正方形的数量再写上去。

儿童E：××有三个。

教师：有三个就写三个，有两个就写两个，都写好了吗？来，再来数一数椭圆形有多少个。

部分儿童：一、二……

儿童B：我有两个！

儿童C：我有三个！

教师：如果你的数量跟我们的不一样，你就按照自己数的数量往上面写就可以了。你数到多少个就写多少个。写好了吗？

请你一边阅读，一边用教学指导形式维度的四个指标（有效的促进、形式和材料的多样性、儿童感兴趣及对学习目标的澄清）以及相关的具体策略对这个案例进行分析。

第七章

认知发展维度的解读与案例分析

- ✦ 分析和推理
- ✦ 对创造力的挖掘
- ✦ 融会贯通
- ✦ 与现实世界相联系

古希腊哲学家亚里士多德（Aristotle）曾说，能够思索想法而不直接接受它，是一个受过教育的头脑的标志。认知发展维度就是在培养亚里士多德所说的受过教育的头脑。成人会帮助孩子习得有用的知识，即理解天地之间万事万物是以有结构、有组织的方式相互联系在一起的。从教师的角度而言，认知发展维度就是通过使用引导性讨论和活动来促进儿童的思维与推理能力发展。换句话说，我们不能单纯地把知识灌输给儿童，而是要把处理信息或知识的思维和分析过程展示给儿童看，引导他们分析和推理。擅长分析和推理的人，遇到事物时爱提出问题。当我们对周围的事物持怀疑态度时，批判性思维就会得到发展。这时的我们不太可能沦为半真半假和歪曲信息的牺牲品。这对当代中国社会的美好发展具有非常重要的意义。

我身边的很多家长在育儿的过程中常常向亲戚、朋友们展示孩子的聪明表现，比如背诵唐诗、数数或者唱歌。但是，这些主要展示的是孩子的记忆力。美国儿童发展心理学家凯西·赫什-帕塞克和罗伯塔·米尼克·格林科夫（Kathy Hirsh-Pasek & Roberta Michnick Golinkoff）在其著作《游戏天性：为什么爱玩的孩子更聪明》①（*Einstein Never Used Flash Cards: How Our Children Really Learn-and Why They Need to Play More and Memorize Less*）中努力地说明了儿童是如何学习的。记忆力是认知发展中的一项基础能力，但是还有其他同样重要甚至更重要的能力。比如，要在记忆的基础上用自己的话把故事讲述出来，这就需要用到创造力、理解力和综述能力。美国哈佛大学生物学家、博物学家爱德华·O. 威尔逊（Edward O. Wilson）曾说过这么一段发人深省的话："我们迷失于信息海洋，同时渴望智慧。今后的世界将由综述者掌管，他们在正确

---

① 该书的简体中文版已由机械工业出版社于 2022 年出版。

的时间将正确的信息组合在一起，批判性地思考它，并明智地做出重要的选择。"随着科技的不断进步，很多工作将会消失，被人工智能取代，而永远不能被取代的是需要综述能力和批判性思维能力的工作。所以，提升儿童的批判性思维能力迫在眉睫。

记得我在美国上大学时的一门必修课叫"教育学导论"，给我们上课的是一位有着五年教龄的中学教师，他的教学热情深深地感染了我，也让我第一次深刻地体会到做一名教师是可以充满幸福感的。时至今日，我还牢牢地记得他情感饱满地分享他的教学案例并让我们从中领悟教育理念的情形。就在他的课堂上，我第一次了解了美国教育学家本杰明·布鲁姆（Benjamin Bloom）以及他对认知领域教育目标的分类（Anderson & Krathwohl，2001）。他的目标分类法主要包括以下几个层次。

1. 记忆：是指对事实或基本概念的回忆，包括说出定义、辨认、复述、重复等。
2. 理解：是指对概念或观点的初步理解和解释。
3. 应用：是指把所学习的概念、法则、原理等用于新的情境、解决实际问题的能力。
4. 分析：是指把复杂的知识整体分解为各个部分并分别加以理解，通常涉及比较、区分、对比、组织、联系、试验等认知活动。
5. 评价：是指综合运用各部分的知识、信息，对知识做出评估和判断。
6. 创造：是指将不同的知识重新组合以产生新的知识。

为了帮助我们深刻地理解这几个不同层次的教育目标，这位教师设计了一个富有创意的小组课题活动。他向每个小组分发了一盒巧克力饼干，要求我们在吃掉饼干之前按照布鲁姆的目标分类法设计6个关于巧克力饼干的问题。

这个看似简单的任务其实很有挑战性，因为平日里教师在课堂上的提问偏向记忆类问题，很少涉及分析、评价与创造。经过一番激烈讨论，我们小组终于想出以下6个问题。

1. 巧克力饼干是什么颜色的？巧克力饼干上面有几颗巧克力豆？
2. 为什么巧克力饼干是甜的？
3. 可以在毕业晚会上给同学们吃巧克力饼干蛋糕庆祝吗？
4. 巧克力饼干与麦片饼干的哪些成分不同？
5. 你觉得这盒巧克力饼干的包装如何？
6. 我们如何拍一部关于这盒巧克力饼干的广告？

因此，如果家长们想要展现孩子的认知发展能力，我建议一定要让孩子有机会展示不同层次的认知水平，而不能仅停留在记忆或背诵的低级认知水平，要向评价和创造等高级认知水平发出挑战。比如，就故事讲述而言，可以鼓励孩子尝试用自己的方式演说故事，这本身也是对孩子的艺术素质的培养。

网络上曾经流传一个叫斯特拉（Stella）小朋友的视频，她因为熟悉各类恐龙的名字而出名。虽然这个小朋友可以记住很多不同寻常的恐龙的名字，但是她可能无法理解2.3亿年前恐龙在地球上的居住情况，甚至不理解2.3亿年的概念。又如，虽然有很多唐诗值得孩子记忆、背诵，但是引导孩子体验和演绎唐诗之美，甚至在学习唐诗的基础上自己创作诗歌，岂不更有价值？哪怕谈论和思考一下相关的问题，比如"你为什么喜欢唐诗？""为什么唐朝的诗写得这么好，这么出名？"等，也比仅仅背诵诗歌更有意义。

《好饿的毛毛虫》是孩子们都非常喜欢的一本绘本，作为教师，请问你在与儿童阅读了这本绘本后一般会提出什么样的问题？请把你自己所提的问题罗列出来,然后分析一下:它们是偏重于记忆层次的问题,比如毛毛虫吃了哪些东西?还是偏重于分析、评价和创造层次的问题,比如毛毛虫的肚子为什么会很痛?接下来请你动动脑筋,看看以下对儿童的期待聚焦于认知领域的哪个层次。

- 能用自己的话讲出故事的主要内容,或能说明为什么第六天晚上毛毛虫的肚子很痛。
- 能用"星期×,毛毛虫吃了×个×××,可是,肚子还是好饿"这样的句型描述一幅新画的内容,或懂得大人和小孩也不能一次吃太多食物,不然肚子会痛。
- 通过比较,发现毛毛虫的成长分为四个阶段:卵—毛毛虫(从小毛毛虫到大毛毛虫)—茧—蝴蝶。
- 能指出最喜欢哪个小朋友画的(或表演的、讲的)毛毛虫的故事,以及好在哪里。
- 能自己改编《好饿的毛毛虫》的故事并画下来,或表演该故事。

如果你发现自己的提问偏重于记忆,很少或者几乎没有分析、评价与创造的成分,那么你也不必感到奇怪或者受挫,因为大部分的成人都是如此。

我曾使用CLASS量表对广东省60所幼儿园的180名幼儿园教师的半日活动进行评分,评分结果表明,在认知发展维度上,幼儿园教师的整体平均分仅为1.77分(在CLASS量表中,1—2分为低水平,3—5分为中等水平,6—7分为高水平),显著低于其他维度。蒋路易等人(2019)综述了18篇以CLASS为评估工具对我国幼儿园师幼互动质量进行的量化研究,也发现我国幼儿园教师在认知发展维度上的得分处于所有维度中较低的水平。

是不是只有我国的幼儿园教师在这一维度上得分较低呢?其实不然。2016年,根据国际期刊上发表的相关数据,我对比了中国广东省幼儿园教师与其他国家幼儿园教师在认知发展维度上的得分并发现：智利的得分水平与我们接近，美国的得分（M=2.69）和德国的得分（M=2.17）略高于我们，芬兰的得分最高（M=3.76），最接近中间水平的4分。有的人可能会产生疑问，为什么芬兰的幼儿园教师在促进儿童的分析和推理能力方面表现得更为优秀呢？根据芬兰学者们的解释，主要理由有三个：①在芬兰，幼儿园教师是非常受欢迎的一种职业；②大部分幼儿园教师拥有硕士学位；③芬兰的大部分幼儿园教师秉持以儿童为中心的教育理念，而这一理念将推动幼儿园教师使用高质量的师幼互动策略。其实，第二个理由也能解释第三个理由，即当幼儿园教师的学历越高时，他们越具有实施高质量师幼互动的可能性。我们在我国和其他国家的研究中也有类似的发现。

为什么我国幼儿园教师在促进儿童认知发展时没有使用高水平的问题呢？我通过研究发现，我国幼儿园教师在与儿童互动时较为明显的表现是：①倾向于问封闭式问题，而不是开放式问题；②提问后缺乏充足的等待时间，急于得到答案而常常自问自答，倾向于传授知识而不是引导儿童思考；③喜欢引导儿童说出符合自己预想的、"唯一正确的"答案，而不是鼓励和引导儿童分析、推理，富有创造性地回答问题；④无法融会贯通、联系儿童的生活和现实世界。

如何改善以上状况呢？在本章中，我们将重点讲解认知发展维度的相关策略。我们期望借助这些策略达成以下目的：

- 加深儿童对概念的理解；
- 发展儿童的分析思维技能；
- 引导儿童理解知识之间的联系；
- 帮助儿童学习如何独立地思考和解决问题，而不是一味地记忆和背诵事实（死记硬背）；
- 激发儿童对探索的兴趣，并且学会把所学的知识应用到现实生活中。

CLASS 中的认知发展维度由分析和推理、对创造力的挖掘、融会贯通以及与现实世界相联系四个指标构成（见表 7.1）。

表 7.1　认知发展维度的指标

指标	分析和推理	对创造力的挖掘	融会贯通	与现实世界相联系
行为描述	• 问有关"为什么"和"怎样"的问题 • 问题解决 • 预测和实验 • 分类和比较 • 评价	• 头脑风暴 • 计划 • 实施计划	• 将不同的知识点联系起来 • 与先前的知识相联系	• 在现实世界中的应用 • 与儿童的生活相联系

分析和推理

分析和推理，是指教师在活动中通过引导儿童思考"为什么""怎样"等问题来提升儿童的高级思维能力，而不是简单地对孤立的事实信息进行提问。瓦希克（Wasik，2006）和同事在 10 个幼儿园的班级中进行了一项实验研究。在他们的实验设计中，干预组的教师接受了特定的培训，培训重点是在绘本阅读教学中学会提出开放式问题，特别是能促进儿童的预测能力、分析能力和推理能力的问题。对照组的教师则没有接受培训，还是像以前一样进行绘本阅读教学。结果显示，一学年后，干预组的儿童在皮博迪图片词汇测试（Peabody Picture Vocabulary Test，PPVT）和表达性词汇测试中的表现都明显优于对照组的儿童。而且，干预组的儿童在绘本阅读教学的对话中能够更好地阐述自己的想法和对故事的感受（Wasik, Bond, & Hindman, 2006）。这项研究说明了在阅读活动中，教师的提问，特别是促进儿童的预测能力、分析能力和推理能力的提问，对促进儿童的阅读理解和语言表达有重要的作用。诸如此类的很多研究，都说明了促进儿童的分析能力和推理能力的重要性。具体的策略，主要体现在以下五个方面。

问有关"为什么"和"怎样"的问题

有关"为什么"和"怎样"的问题都是常见的开放式问题。"为什么"的问题可以引导儿童分析、理解现象背后的原因；"怎样"的问题可以促进儿童进行推理，思考现象可能产生的结果、可能需要的解决方法等。这两种问题也都可以促进儿童表达能力的提升。在幼儿园一日生活中，教师可以问儿童这两种问题的机会俯拾皆是。比如，当儿童完成自己的创作时，教师可以在表示欣赏的同时问："可以请你说说为什么这么画吗？"

问"为什么"是一门艺术，更是一个习惯。成人在与儿童对话时往往喜欢告诉他们做什么（发布指令），而不解释为什么要这样做。这是一种高控的模式，无法有效地促进儿童的分析能力与推理能力，也不能引导儿童很好地执行指令。反之，如果成人经常使用有助于儿童进行思维推理的句子，比如"小朋友们，我们下午不能出去玩，因为今天天气不好，我担心你们会感冒，感冒时不仅要吃药，还有可能……""你这样说话很没有礼貌，因为……"等，那么儿童在对话中也会经常使用它们。他们说话会更有条理、更完整，也更容易被人接纳。可惜，随着科学技术的发展，我们说得不是更多而是更少了，因为大脑被手机、平板电脑等智能产品"俘虏"，让我们变得不喜欢与人说话、互动。

在带领儿童阅读绘本《大卫，不可以》①（*No, David!*）时，教师可以问儿童："在书中，妈妈为什么说'大卫，不可以！'？"教师也可以引导儿童根据从图画中观察到的内容进行推测："你认为大卫这

---

① 该书的简体中文版已由河北教育出版社于 2007 年出版。

样做时,妈妈的心情是怎样的?会说什么?"

问题解决

问题解决是指教师创设一个问题情境或者利用教学活动中儿童遇到的真实问题,启发他们思考解决问题的办法。问题解决的过程,涉及对问题情境的分析与推理以及对知识的综合与应用。

池丽萍等人(2014)以 5—6 岁儿童为研究对象,探讨基于问题的学习(Problem-Based Learning,PBL)对儿童的知识掌握、学习主动性、问题解决能力、合作交流等方面的影响。研究者把 66 名儿童分成实验组和对照组,实验组采用 PBL 教学,对照组则实施传统教学,教学内容相同,都是大班科学领域的内容,干预时间为两个半月。在本研究中,PBL 教学的主要特点是创设问题情境,然后儿童在教师的支持下对问题进行分析与讨论,并自主探索解决问题的方法和进行小组合作(比如,通过"如何使阅读区的图书更有序"的问题情境来激励儿童与同伴交流、探索多维排序方法)。研究结果表明,实验组儿童在知识掌握、学习主动性、问题解决能力、合作交流等方面的得分均优于对照组儿童,且有显著差异。这一研究结果告诉我们,要给予儿童想办法解决问题的机会,鼓励儿童使用材料探索自己的想法,从而促进儿童对知识和认知技能的综合运用,获得多方面的发展。不仅如此,另有研究发现,为儿童提供解决问题的机会,可以有效地促进他们的提问技能和元认知的发展。

在大班科学活动"动物的保护色"的导入环节,教师展示了各种小动物在森林里自由玩耍的图片,然后图片上出现了一只老鹰,教师问孩子们:"老鹰来了,小动物该如何躲避老鹰呢?"教师通过这一问题引导孩子们思考各种避险的方法,进而引出"保护色"这种避险方法。

* * *

在科学活动区，三个孩子都争着玩天平，但天平只有一个，于是教师请孩子们想一想："用什么办法可以让大家都能玩这种材料？"孩子们想出了"轮流玩，每个人玩一次""分工合作，一个人放砝码，一个人做记录，一个人检查"等不同的解决方法。

* * *

在家里，当孩子想吃某种食物或喝某种果汁而没有的时候，家长也可以问问他怎么办。某天晚上，我家来了一个4岁的小朋友，他说口渴想喝水，当我给他倒水时，他说："我们不如喝点橘汁吧。"我笑答："阿姨家里没有橘汁，怎么办呢？"这个小朋友用手托腮做思考状，说："我知道怎么解决这个问题，我们可以用橘子榨点新鲜的橘汁，这不就解决问题了吗！"他把两手一摊，惊喜地对着我笑。我点头认同他，说："这是一个非常好的解决办法，但遗憾的是，阿姨家里没有橘子。"他继续以解决问题的态度说："我们可以去超市买一点。""好主意，"我说，"要不这样，你先喝点水，等会儿你爸爸妈妈回去的时候叫他们带你去买。"我就这样终于说服了这个小家伙，他咕咚咕咚地喝下一大杯水。如果不是因为忙着要和他的父母交流，我也许会继续与他讨论为什么喜欢橘汁，也会告诉他有关橘汁的一些健康信息。

预测和实验

预测是指儿童基于对已有信息的分析，对实验可能出现的结果、故事接下来可能会发生什么等进行预测，它主要锻炼儿童的分析能力和推理能力。比如，在绘本《下雪天》[①]（*The Snowy Day*）中，小主人公在回家前做了一个雪球放在口袋里，想留着第二天再玩。这时，

[①] 该书的简体中文版已由明天出版社于2018年出版。

幼儿园教师可以请儿童预测："这个雪球被带回家后会发生什么事情？能留到第二天吗？为什么？"当然，对生活在气候温暖的南方的儿童来说，做这样的预测可能会有一定的挑战性。不过，在一日生活中，这样的预测机会无处不在。比如：在家里给家人分饼干，一人一堆，请儿童猜猜哪一堆的饼干数量多；坐电梯上楼的时候，请儿童猜猜是按数字5的邻居先出电梯还是按数字9的邻居先出电梯。

实验是指通过教师的演示或者儿童的亲自动手操作观察实际出现的结果，以检验先前的预测和推理是否正确。雷佩芸等人（1983）在大班科学活动"水的特征"和"磁铁"中，对比了动手实验（每名儿童都参与实验）和不动手实验对儿童的影响。儿童被分成两组：一组中的所有儿童都动手参与实验；另一组由教师进行实验，个别儿童协助，大部分儿童观看实验。对儿童水平的评估包括：①注意力集中情况（比如很集中、比较集中、不集中）；②学习内容记忆情况（比如磁铁有什么特点等）；③学习理解情况（比如，老奶奶的缝衣针掉到地上不见了，怎么办？）。研究结果表明：两组儿童的注意力集中情况没有显著差异，但是在学习内容记忆以及学习理解方面，无论是当天考查还是三天后考查，实验组都优于对照组。这项研究说明实验策略的重要性，尤其是在学前儿童的科学活动中。我记得有一段时间，我的女儿回到家后就说要做实验，因为教师在幼儿园里介绍了做实验的方法，让她感到非常惊艳，于是她回到家后想再次尝试。以后碰到类似的可以做实验的问题，她也非常乐于探索。由此可见，实验已经成为她进行推理思考的一种方式。

分类和比较

分类是指引导儿童按照种类、等级、性质等对学习内容分门归类。比较是指按照一定的标准对同类事物进行高下的辨别。我们常常需要通过比较事物来准确地判断其分类；同时，比较也往往建立在分类的基础上，我们经常需要对同一类别的几个事物进行比较。在家庭中，我们可以将这一策略演变为很多小游戏。比如，儿童很喜欢帮助成人给玩具分类，将哥哥的宝贝玩具装到一个箱子里，将妹妹的宝贝玩具装到一个箱子里，将大家共同分享的玩具装到另一个箱子里。又如，比较一下儿童与兄弟姐妹的身高，或者比较一下儿童这个月与上个月的身高，看看是否有变化。我在美国生活了十五年，我的儿子小时候很喜欢跟爸爸妈妈一起逛各种超市，他很快就懂得了不同超市的区别。比如：买蔬菜要去亚洲超市，因为里面的东西不仅便宜，而且有妈妈喜欢的中国大白菜；买日常用品和奶制品要去当地的超市；买妈妈喜欢收藏的艺术品要去古董市场。有趣的是，在我们从美国搬来中国澳门生活的第一年，有一次我去美国开会，我问他希望妈妈回来时带什么好吃的给他。他认真思考后，说："你帮我去××店买几个99美分①一个的比萨吧。"他还强调，一定要去××店买，因为它最便宜，而且最美味。也正是因为有这样的体验，他从小就懂得财务管理的道理。生活中，类似这样需要分类与比较的事情太多了，数不胜数！你可以鼓励儿童积极参与其中。接下来，让我们看几个在幼儿园里运用分类和比较策略的例子。

在数学活动"分类"中，教师给儿童提供了常见的物品，如汗巾、水杯、水彩笔、尺子、剪刀、皮球、游戏棋、洋娃娃等，并说道："请大家根据这些东西的用途，说说可以怎样对它们进行分类。"

* * *

在科学活动"动物的保护色"中，教师问儿童："青蛙的颜色是什么样的？草丛的颜色呢？青蛙蹲在草丛中时看起来是什么样的？""如果一只红色的青蛙蹲在草丛中会怎样？"通过这样提问来

---

① 美分，是美元的一种，是美元中最小的使用单位，1美元=100美分。

引导儿童观察、比较，进而发现保护色的特点和作用。

评价

评价是指引导儿童对事物进行评价，或者对同伴和自己的回答、表现等进行评价。比如，在绘画活动"未来的机器人"结束时，教师将全班儿童的作品展示出来，并请多名儿童上前分享自己的机器人有哪些独特的功能。之后，教师邀请儿童评价："你最喜欢哪幅作品，说说你的理由。"为什么要让儿童参与评价呢？这是尊重和赋能儿童的一种表现。不过，在我国的文化中，这一策略在学前教育中运用得并不频繁，以至于到了大学时，面对这样的提问，很多学生仍会感到不知所措。他们不习惯评价别人和事物，甚至会揣摩教师的期望，按照教师的标准去评价。他们对于分享自己的真实想法没有安全感，也担心得不到教师和同伴的认同。其实，这样的心态对于团队合作非常不利，因为团队合作需要每一位成员畅所欲言地交流自己的看法，以便集思广益。

在家中，我常常邀请孩子参与对事物的评价。比如，"你觉得爸爸今天的晚餐做得如何？""你觉得我们的暑假旅游计划怎么样？如果让你来规划，会有什么不同？"我记得，有一位朋友在他儿子小的时候总是邀请他跟她一起看新闻节目，一边看一边评价这条新闻的内容如何。就这样经过几年的训练，这个孩子不仅对国际新闻非常敏感，还能给出非常专业的评价。由此可见，他的母亲对他的思维技能的培养效果非凡！

评价能力也是一种领导才能，因为领导者需要非常熟练地评价事物和别人的表现，而领导才能在今后的工作职场中是极其需要的。因此，无论作为教师还是家长，我们除了培养孩子强大的同理心外，还需要引导他们频繁地使用评价策略。

实践链接

　　大班孩子把沙箱当作山洞和地道来进行游戏。当一个地道塌掉的时候，教师问道："你们知道它为什么会塌掉吗？"（*问有关"为什么"和"怎样"的问题*）孩子们回答后，教师接着问："你们决定怎么做可以使地道更结实点？"（*问题解决*）孩子们想了几种不同的方法。教师又问："你们觉得哪种方法最好？（*评价*）让我们试试看会发生什么。（*预测和实验*）"

* * *

　　几个女孩在美工区用橡皮泥制作花朵形状的发卡，但是花瓣总是掉下来，教师问："花瓣为什么会掉呢？"（*问有关"为什么"和"怎样"的问题*）孩子们回答说："橡皮泥太软了。""花瓣太重了。"……教师问："你们有什么办法把这些花瓣固定住吗？"（*问题解决*）孩子们说："可以把花瓣做得薄一点。""可以用牙签固定住。"教师问："你们觉得哪种方法更好呢？（*评价*）你们可以分别试试看。（*预测和实验*）"

对创造力的挖掘

　　创造力是21世纪儿童必备的核心素养之一。对于创造力的重要性，人们已经达成共识，可是在如何培养儿童的创造力方面，很多家长觉得需要采取一些特殊的方法。其实，生活中的点滴是开启创造力的最好"钥匙"。

　　比如，在幼儿园的各类游戏活动中，尤其是在建构游戏中，创意拼摆比传统的按照图谱拼摆更能培养儿童的创造力。就七巧板而言,它是我国最经典的传统益智玩具之一,对培养儿童的创造性思维具有潜在的价值。有研究者选取157名来自小班、中班和大班的儿童为被试,以七巧板为材料,对比了"创意拼摆"和"按照图谱拼摆"两种训练方式对创造性思维的影响。创意拼摆由教师创设情境和任务,引导儿童通过头脑风暴法设计不同的拼摆方法,自由拼图。按照图谱拼摆则由教师出示七巧板图谱,以讲解和演示为主,儿童模仿教师拼图。训练时间共8个星期(总计360分钟),实验前后均用《托兰斯创造性思维测验——图画测验》进行测试。研究结果表明:创意拼摆比按照图谱拼摆更能促进儿童创造性思维的发展,且差异显著。其实,除了积木区和艺术区中的活动,还有很多活动有助于培养儿童的创造力。

头脑风暴

头脑风暴是指一组儿童或全班儿童在融洽的、不受限制的氛围中,充分发表看法,寻找多样化的答案。幼儿园教师不仅不会评判儿童的观点,还会鼓励他们大胆思考和表达,比如,问儿童:"你们还有没有不同的观点?"头脑风暴法被广泛地用于产生解决问题的新方法和新思路(Hansen & Zambo,2007;Mirzaie,Hamidi,& Anaraki,2009)。

在科学制作活动"搭建桥梁"中,教师看到很多儿童搭建的桥不够结实,于是问全班儿童:"怎样可以让你们建的桥更牢固?"当一名儿童给出"多加两个桥墩"的建议后,教师说:"这个方法听起来不错,可以试一试。你们还有没有其他的方法?"

计划

计划是指教师引导儿童对接下来要完成的工作、任务或"项目"设立目标,并分析、计算如何一步步达成目标。计划涉及分析、推理、问题解决等多项思维技能的运用,是把创造性的想法变为现实的必要环节。比如,要举办一次生日会,儿童需要对生日会的内容,比如吃的食物、玩的游戏等,制订一个计划。

在美术活动"制作新年贺卡"中,教师鼓励儿童想一想:"你想做一个什么样的贺卡?你想把这个贺卡送给谁?上面有什么图案?你要用什么材料去做?"

实施计划

实施计划是指教师给儿童提供机会,引导他们自己动手把计划付诸实践,让目标得以实现。它是检验计划、得到反馈、调整计划的过程。比如:计划好了新年贺卡怎么做,就可以使用提供的材料制作自己喜欢的贺卡;构思好了故事如何写,就动笔去书写,或者口述故事的同时请教师记录下来。

 实践链接

教师和孩子们一起在建构区讨论如何用现有的材料搭建一个动物园。

教师问:"你们觉得动物园里有什么动物?"(头脑风暴)

孩子们纷纷回答:"狮子、老虎、企鹅、长颈鹿……"

教师说:"那么应该怎么安排这些动物呢?如果一进动物园的大门就看到狮子和老虎,游客会不会害怕?老虎和企鹅可以挨着住在一起吗?我们应该怎么设计这个动物园呢?"接下来,孩子们开始在白纸上画动物园的平面图以及每种动物居住的地方。(计划)

融会贯通

融会贯通是指将不同的知识点或将新的学习与我们头脑中已经知道的知识联系起来,从而使学习变得既有"厚度"又具灵活性。它是一项非常重要的思维能力,对于儿童今后的学业成功和职业成功大有裨益。当然,这种能力不是自然产生的,需要幼儿园教师的引导。然而,在日常活动中,有的幼儿园教师并没有采用这一策略,或者即使采用,也没有引发儿童高级认知水平的回应。比如,在学习夏天的气候特征时,教师问儿童:"大家还记得我们学过的荷花是在夏天开吗?"在这里,教师使用了融会贯通的策略。但是如果仅仅停留在这个封闭式问题上,就不能引发儿童的高级认知水平的回答。教师需要进一步使用有关融会贯通的以下两大策略。

将不同的知识点联系起来

将不同的知识点联系起来,是指教师将一个活动中包含的几个知识点(新概念)联系起来,引导儿童通过分析、对比、比较、关联等方式进行学习。增加不同知识点之间的联系,可以促进儿童对知识的理解和综合应用。比如,在社会领域的活动"紧急电话"中,教师引导儿童通过将"110"(报警电话)、"119"(火警电话)、"120"(急救电话)等紧急电话号码及其不同的功能进行比较来学习。又如,教师在介绍夏天的时候,将这个季节的特点与其他季节进行对比。当然,在四季并不是很分明的地区,教师可以引导儿童比较炎热的夏天和凉爽的夏天。

在家中,当父母帮助孩子温习功课时,可以引导孩子把不同的知识点联系起来,而不是按科记忆,将知识彼此孤立起来。家庭生活中蕴含着很多将知识融会贯通的机会。比如,周末宴客时,邀请孩子参与其中，引导他们将食谱与超市的食品、将预算与超市的物价进行比较，同时弄清楚如何按照客人的数量确定食材的数量、如何将食材装盘才能更加美观等。在这个过程中，当你与孩子讨论如何装盘时，就是在培养孩子的饮食文化艺术；当你们讨论菜量和价格时，就是在生活中应用数学；当你们讨论食谱和客人的口味时，就是在学习文化和阅读。

与先前的知识相联系

与先前的知识相联系，是指教师把儿童正在学习的知识点与其先前学过的知识（如比较、对比、分析、关联等）联系起来。使用这个策略的前提是，教师对儿童已有的知识经验、先前的课程内容非常熟悉，然后有意识地把新、旧知识联系起来。比如，在和儿童谈论"熊猫是哺乳动物、胎生，用乳汁养育熊猫宝宝"时，教师问儿童："我们之前还学过哪些动物也是这样生宝宝和养育宝宝的？""我们之前还了解过鸟类，鸟类生宝宝和养育宝宝的方式跟熊猫有什么不同？"在对数学概念的学习中，教师尤其需要采用这个策略帮助儿童理解当下所学的概念，比如加法与数数之间的关联、减法与加法之间的关联等。这样可以巩固儿童对这些数学概念本质的理解。

在剪纸活动中，教师带着孩子们用纸制作小老鼠，这让教师想起一个关于小老鼠的童谣，于是教师问孩子们："谁记得童谣《小老鼠上灯台》呀？"之后，大家一边剪纸，一边背诵这首童谣。

在家中阅读绘本的时候，孩子常常通过图片联想到他以前看到过或者经历过的场景。这时，父母应该耐心地运用这个策略，帮助孩子融会贯通，让他们的相关思维技能得到锻炼。

> **实践链接**
>
> 教师和孩子们在户外活动的时候发现了一只蜗牛,于是便一起观察了起来。教师问孩子们:"你们还记不记得老师之前讲过的故事——《世界上最大的房子》①(*The Biggest House in the World*),蜗牛是住在什么样的房子里的?"(*与先前的知识相联系*)他们讨论了蜗牛的房子,以及蜗牛除了吃卷心菜之外还会吃树叶等食物。(*将不同的知识点联系起来*)

与现实世界相联系

当教师把儿童当下所学的知识与现实世界相联系时,就能够激发儿童的学习兴趣与动机,并且促进儿童更加深入地理解所学的概念。具体有以下两种策略。

在现实世界中的应用

在现实世界中的应用,是指教师向儿童说明或展示所学知识在现实世界中的应用,或引导儿童把他们的想法应用到现实生活中。应用这个策略的目的,是通过与现实世界的联系让儿童认识到知识不是孤立存在的,而是与生活紧密相连的。当儿童认识到这一点时,他们的学习就会有飞跃的平台。比如,我儿子小的时候会教他的妹妹数数,并且告诉她会数数相当重要,这样当她以后玩"躲猫猫"游戏的时候就能数到 100 了。这就是数学知识在游戏中的应用。

在日常生活中,成人引导儿童应用数学知识的机会数不胜数。

---

① 该书的简体中文版已由南海出版公司于 2011 年出版。

比如：让儿童分配餐具，数多少人吃饭需要多少碗碟和筷子；做比萨的时候，鼓励儿童思考用多少面粉加多少水，烤箱的温度多少度、烤多长时间烤出来的比萨最好吃；如何把一块蛋糕平均分成四块，这样家庭成员每人都可以分享一块。当家长引导孩子应用数学知识去解决现实世界中遇到的问题时，孩子慢慢就会形成一个概念——数学与生活是息息相关的。

在科学活动"动物的保护色"中，教师向儿童展示在丛林中演习的战士穿的迷彩服和涂成迷彩的脸，以及涂成迷彩的装甲车等，借此讨论"保护色"在现实世界中有哪些应用。

与儿童的生活相联系

与儿童的生活相联系，是指教师将知识点与儿童个人的生活经验联系起来。儿童的生活经验能够触发他们学习时的强烈情感体验，促进他们对知识的个体化理解和建构，以及对知识的应用。作为教师，引起儿童情感共鸣的最佳方式就是让学习内容与他们的生活相联系。这也是幼儿园的第一个主题活动一般是"我的家人"，而且教师会在班级墙面上展示儿童及其家人的照片的原因。在班级的其他主题活动（如种植豆芽）开展后，教师也会把儿童的作品展示出来，这样做的用意之一就是吸引儿童的注意力，唤起他们的回忆，进而激励他们去观察、分享和讨论。又如，在阅读了绘本《我妈妈》[①]（*My Mom*）之后，教师可以请儿童说说自己的妈妈有什么特别的地方。

一次，一位实习教师计划向儿童介绍世界各地的著名建筑物，她准备了非常精彩的图片。我建议她请儿童家长提供孩子们去这些地方游玩的照片，并将这些照片展示在幻灯片上。我们可以想象一下，当儿童看到自己或者同伴的身影出现在建筑物前面时，他们的

[①] 该书的简体中文版已由河北教育出版社于 2007 年出版。

反应会如何？是否会引起他们的共鸣，激励他们分享？是否会引发讨论的风暴？

更精彩的例子，是一个关于如何训练医学院的实习医生记住开处方规则的实验研究。控制组的实习医生被告知开处方的规则，并需要在一周后的考试中默写出规则。结果，这些实习医生的考试成绩并不理想，他们不仅忘记了一些规则，还自行制定了一些新的规则。实验组的实习医生则在关于一个虚构病人的叙述中获得了相同的开处方规则。考试时，这个小组的实习医生将规则记得清清楚楚。

 实践链接

教师带来一些大蒜和蒜苗，问孩子们："你们谁吃过这些东西？"（与儿童的生活相联系）孩子们纷纷回答说自己吃过。教师又问："你们知道这两种东西有什么关系吗？其实蒜苗是从大蒜里变出来的。"之后，教师和儿童一起讨论怎样用大蒜在班级的植物区中种出蒜苗，以及需要哪些营养或材料等。（在现实世界中的应用）

分享与讨论

一个晴朗的中午，中班儿童正在外面的操场上玩耍。其中，几名儿童注意到了自己的影子，发现不论怎么跑也甩不掉自己的影子。

此刻，你可以运用认知发展维度的哪些师幼互动策略来促进儿童对影子话题的高水平思考呢？

请与班级教师合作，在10分钟之内讨论、设计出一个师幼互动的方案（列出你要与儿童交流的具体问题，并备注这些问题分别属于哪个认知发展策略）。然后，在全体教职工会议上分享你们小组列出的问题或方案。

思考与练习

案例 1　鸡蛋的预测与实验

（背景介绍：集体活动时间，孩子们围成一圈，教师做实验以展示熟鸡蛋和生鸡蛋掉落后的不同情景，让孩子们进行对比和分析。）

教师（和孩子们一起唱歌）：矮胖子，坐墙头，栽了一个大跟斗。国王呀，齐兵马，破蛋难圆没办法。①

教师：矮胖子是一个鸡蛋。孩子们，你们看到这个鸡蛋是怎么破的了吗？

孩子们：看到了。

教师：你们觉得所有的鸡蛋都是这样被打破的吗？

孩子们：是的。

教师：我们今天要尝试做一个小实验。我带来了一个真的鸡蛋。我们来看一看如果一个真的鸡蛋掉下去会怎么样。这个鸡蛋就是我们的"矮胖子"，你们准备好了吗？

孩子们：准备好了。

教师：好的，我们开始说了。

教师（和孩子们一起唱歌）：矮胖子，坐墙头，栽了一个大跟斗。

孩子们：啊！

---

① 出自童谣《矮胖子》(Humpty Dumpty)。

教师（和孩子们一起唱歌）：国王呀，齐兵马，破蛋难圆没办法。

教师：我的天呀，看矮胖子怎样了，看……

孩子们：它是一个真的鸡蛋！

教师：一个真的鸡蛋被打破后就是这样的。它有黄色的蛋黄和透明的蛋白，这就是鸡蛋被打破时的样子。你们看见了吗？你们谁在家里见过这样的鸡蛋？

孩子们（纷纷回答）：我看到过。

教师：是的，我们当中的很多人家里都有这样的鸡蛋。当鸡蛋破裂时，它会碎成很多的小碎片。你们能看见所有的裂缝吗？我会把鸡蛋拿给你们，给你们展示蛋壳上的所有裂缝。你们能看见所有的裂缝吗？这就是国王的所有马和所有人都很难把这个破碎的鸡蛋再变成一个完整的鸡蛋的原因。你们看到它是怎样裂的了吗？它全都裂了。现在，你们准备好把地板弄得乱七八糟了吗？

孩子们：准备好了。

教师（和孩子们一起唱歌）：矮胖子，坐墙头，栽了一个大跟斗。

孩子们：它没有破。

教师：让我们再试一次，准备好了吗？

教师（和孩子们一起唱歌）：矮胖子，坐墙头，栽了一个大跟斗。

孩子们：鸡蛋还是没有破。

教师：鸡蛋还是没有破吗？好吧，稍等一下，是怎么回事呢？为什么那个鸡蛋碎了的时候，里面的东西会流出来，而打这个鸡蛋的时候什么都没流出来呢？

孩子们：因为你是在那上面打的。

教师：但是，你们看，有东西流出来了吗？

孩子们：没有。

教师：为什么那个鸡蛋里面的所有东西都流出来了，而这个鸡蛋没有呢？

孩子们：鸡蛋破了。

教师：琳琳，你来说说。

琳琳：这是一个真的鸡蛋。

教师：这两个鸡蛋都是真的。但是，你们看看里面。

教师：你是怎么想的呢，安安？

安安：我觉得这个鸡蛋已经被煮熟了。

教师：哦，你觉得这个鸡蛋已经被煮熟了。

请你一边阅读，一边用认知发展维度的四个指标（分析和推理、对创造力的挖掘、融会贯通及与现实世界相联系）以及相关的具体策略对这个案例进行分析。

案例2　大声音和小声音

（背景介绍：教师通过本活动引导孩子们发现，在空瓶子里装上东西并摇动时，就会发出声音。声音的大小，受到摇动力气的大小和瓶子里东西的多少共同影响。）

（教师和孩子们的瓶子里都装了豆子）

教师：现在，我们要保护好瓶子宝宝，让瓶子宝宝发出两种声音。

（教师拿出大鼓和小鼓的图片，将其贴在白板上）

教师：你们看看，这是什么？

孩子们：鼓。

教师（指着大鼓）：看看这是什么鼓？

孩子们：大鼓。

教师（指着小鼓）：这是什么鼓？

孩子们：小鼓。

（教师拿着瓶子）

教师：现在，让我们的瓶子宝宝发出大鼓和小鼓的声音，好吗？试试看，听听大鼓和小鼓的声音分别是怎样的。开始，准备。

（教师帮助某些儿童盖紧瓶子）

教师：盖紧瓶子宝宝，盖子要盖紧。

（教师带着孩子们用力摇晃瓶子）

教师（唱）：大鼓哦，我是一只大鼓，我的声音很大，咚咚咚咚咚咚。

（教师带着孩子们轻轻地摇晃瓶子）

教师（唱）：小鼓哦，我是一只小鼓，我的声音很小，咚咚咚咚咚咚。

教师：大鼓和小鼓是怎样发出声音的？继续，再听听大鼓的声音是怎样发出来的。

教师：我是一只大鼓，我的声音很大，咚咚咚咚咚咚。我是一只小鼓，我的声音很小，咚咚咚咚咚咚。

教师：大鼓的声音是怎样发出来的？我们试试看。

（孩子们用力摇晃瓶子）

教师：小鼓呢？

（孩子们轻轻地摇晃瓶子）

教师：让大鼓发出声音时，我们用什么样的力气？大声说出来。

孩子们：大力气。

教师：大鼓要用大力气，小鼓要用什么样的力气？

（孩子们轻轻地摇晃瓶子）

教师：小力气哦。

（教师拿出"大"和"小"两个字，将其分别贴在大鼓和小鼓的

下方）

教师：孩子们，你们认识这两个字吗？这是……（教师指着"大"字）

孩子们：大。

教师：这是……（教师指着"小"字）

孩子们：小。

教师：哦，原来大鼓的声音要用大力气才能发出，小鼓的声音要用小力气才能发出。我们再来一次。用大力气，才会有大鼓的声音。准备好，要用大力气哦。

教师（唱）：我是一只大鼓，我的声音很大，咚咚咚咚咚咚。我是一只小鼓，我的声音很小，咚咚咚咚咚咚。

（孩子们遵循教师的指示摇晃瓶子）

教师：大鼓和小鼓的声音是这样发出的，对吧？现在保护好你们的瓶子宝宝，不要发出声音哦。

（教师拿出里面没有装东西的瓶子）

教师：看，我的瓶子宝宝里面没有东西。现在，我装了多少豆子进去？

孩子们：两个。

教师：力气大就发出大鼓的声音，现在我用大力气试试。你们的瓶子宝宝不要发出声音哦，听听它的。

（教师用力摇晃瓶子）

教师：用大力气，是大鼓的声音吗？

孩子们：不是。

教师：我用很大的力气，为什么会是小鼓的声音呢？

儿童A：放的豆子少了一点。

教师：瓶子里面的东西放得少了一点，是吗？

孩子们：太少了。

教师：太少了，那我多放点，放得多就是大鼓的声音了，对吧？看好了，我放了很多。

（教师抓了一大把豆子放入瓶子）

教师：你们认识这个字吗？

（教师拿出写着"多"字的纸，将其贴在大鼓上面）

孩子们：多。

教师：这是"多"字。你们觉得多就是大鼓的声音，少就是小鼓的声音，对吧？

（教师拿出写着"少"字的纸，将其贴在小鼓上面）

教师：我现在要多放一点，你们看仔细了，多了就是大鼓的声音。

（教师用豆子将瓶子装满）

儿童B：豆子会痛吧。

教师：你们看，多就是大鼓的声音。我把它压紧。现在豆子很多，我再用大力气，仔细听，不要发出声音。

（教师用力摇晃瓶子）

教师：我是大鼓，我用很大的力气，豆子又多，有声音吗？

孩子们：没有。

教师：怎么回事呀？

孩子们：太满了。

教师：太满了，太满了也不行，对吧？那怎么办呢？

儿童C：少放一点。

教师：哦，少放一点。

（教师倒出部分豆子）

教师：够了吗？差不多了吗？

部分儿童：够了，差不多了。

教师：听听，也很多。

（教师用力摇晃瓶子）

教师：力气要很大，是大鼓的声音吗？

孩子们：是！

请你一边阅读，一边用认知发展维度的四个指标（分析和推理、对创造力的挖掘、融会贯通及与现实世界相联系）以及相关的具体策略对这个案例进行分析。

第八章

反馈质量维度的解读与案例分析

- ✦ 支架
- ✦ 循环反馈
- ✦ 促进思考过程
- ✦ 提供信息
- ✦ 鼓励和肯定

作为教师，不管所教的学生是年幼的儿童还是青少年，我们都深知反馈在有效教学中的重要性。尤其是随着学习的深入，学生能够找到探索的方向并保持浓厚的兴趣与良好的参与度更有赖于教师的高水平反馈。这也是未来无论科技多么发达，教师的职业都无法被取代的重要原因之一。

反馈就是指教师使用相关策略，以促进儿童的理解达到其依靠个人无法达到的深度和广度的过程。有效的反馈通常是具体的、持续的和有针对性的，更重要的是帮助儿童获得更深层次的理解。接下来，我们借助两个场景说明反馈的有效性问题。

场景 1

教师让孩子们观看天气表，并问他们是晴天多还是阴天多。一个孩子说："晴天多。"教师说："不对。"然后，她问其他孩子："有没有其他人知道答案？"

场景 2

教师让孩子们观看天气表，并问他们是晴天多还是阴天多。当一个孩子说晴天多时，教师说："我们一起来看看天气表，数一数有多少天是晴天。"教师和全班儿童一起数。然后，教师又说："我们一起数一数有多少天是阴天。"在他们数完之后，教师问那个孩子哪一个数字更大。孩子对比两个数字后，意识到阴天更多。

对比上面两个场景，我们不难发现，场景1中的教师只关注答案的对错，她的反馈既没有帮助儿童认识到他为什么是错的，也没有给儿童提供一个适宜的工具去得到正确的答案，并激发儿童继续尝试的动力。场景2中的教师为儿童提供了支架——可能需要的策略——帮助他探索正确的答案。在教师的支持下，儿童独立解决了问题。我们相信,儿童在这个过程中获得的自信心,将激励他以后积极主动地解决遇到的问题。

在一个雨天的下午,小朋友们在教室里玩游戏,4岁的萨兰和教师进行了以下对话。

萨兰:我可以出去玩吗?

教师:我知道你很想去外面玩,你看看窗外,天气怎么样?

萨兰:在下雨。

教师:对,外面在下雨。如果我们在下雨的时候去外面玩,会怎样?

萨兰:会被雨淋湿。

教师:你知道被雨淋湿是什么样的感觉吗?

萨兰:湿湿的。

教师:你说对了,我们被雨淋湿的时候会觉得湿乎乎的,非常不舒服,还有可能患上感冒。如果我们的感冒严重,就要去看医生,还有可能吃药和打针。所以,在下雨的时候,我们最好不要去外面玩。但是,你放心,只要天晴了,老师就带你们出去玩,而且我们可以多玩一会儿。好吗?

萨兰:好的。

面对上面案例中儿童提出的要求,有的教师可能直接回答说:"不可以。"有的教师可能回答说:"外面在下雨,所以我们不能出去玩。"相比这两种或生硬或简单的反馈,案例中的教师循循善诱,引导儿童一步步推论出为什么自己的要求是不适宜的。与此同时,为了满足儿童户外游戏的需要,保护儿童当下游戏的兴趣,教师向儿童做出了天晴后去户外玩的承诺。教师的这种详细反馈,不仅促进了儿童的心理理解能力与认知能力,而且维护了师幼之间的良好情感氛围。

有的教师可能会说："我们平时太忙了，哪有时间跟孩子解释这么多！"请问，作为一名幼儿园教师，我们的使命是什么？懂得儿童的心理，对儿童的需求高度敏感，抓住一切教育契机给予儿童有效的反馈，帮助他们身心健康成长，才是我们幼教人的使命，才是把时间真正花在了刀刃上。

在一次数学活动中，教师请孩子们按照一组图形的规律填补后续的图形——◆◆♥♥◆◆（？）。小明静静地观察、思考了一会儿，然后向教师举手示意要回答问题。他找出了两个♥，并将其填充在括号里。针对小明在找规律任务中的表现，教师A和教师B给出了以下两种不同的反馈。

教师A：小明答对了，真棒！让我们一起给他掌声鼓励！棒，棒，你真棒！

教师B：小明做得很好！我注意到他在举手回答老师的问题前，先安静地观察、思考了一会儿。他不仅找出了菱形后面的心形，而且知道心形的数量应该是两个，小明真棒！我们来看看这组图形，两个菱形后面是两个心形，紧接着又是两个菱形，后面应该再接上两个心形。对于这种排列规律，我们把它叫作"AABB"。

从以上案例可知，当教师提供有效的反馈时，能够帮助儿童理解为什么答案是正确的或者帮助他们得到正确的答案，并且可以扩展他们的概念、思维和技能。学者们总结了有效的反馈应包括以下三个基本要素。

要素一：及时关注儿童的回答与回答中所透露出的理解情况，而不仅仅关注儿童答案的正误。具体的、有针对性的反馈可以帮助儿童更好地了解自己的优点和薄弱之处。基于此，儿童才能进一步提高思考的层次。比如，法夫和里特尔-约翰逊（Fyfe & Rittle-Johnson，2017）研究了在三、四年级儿童的数学学习中不同反馈方式对其学习效果的影响，研究结果表明：即时反馈组（做完一组题目后就得到教师的反馈）的儿童在完成数学等式任务中的表现较好，总结式反馈组（一节课结束时得到教师的反馈）的儿童表现居中，大部分无反馈组（完全没有得到教师的反馈）的儿童表现最差。此外，基于儿童当前的表现以及已有知识和经验，在反馈中拓展儿童的知识，为儿童提供进一步信息，有助于深化儿童对概念的理解，增强儿童的参与积极性。

要素二：在反馈过程中，多使用语言交流，如提示性问题、追问、让儿童解释自己的思考过程、来回对话等，有助于激发儿童的深度思考。比如，法夫和里特尔－约翰逊在他们的研究中（2017）发现，教师在反馈过程中不停地与儿童来回对话、要求儿童解释自己的思考过程，与儿童的高水平思考密切相关。

要素三：掌握好反馈时机，要有适当的暂停和等待。科尔森等人（Cohrseen et al., 2014）发现，在儿童回答之后，教师适当地暂停，给自己评估儿童现有技能和理解水平的时间，有助于真正给儿童提供有针对性的、启发性的反馈。

不仅教学如此，我们只要仔细回忆一下自己的成长经历就不难发现，无论是成功地克服某个学习领域中的难题还是战胜工作上的挑战，他人的反馈对我们都起到巨大的作用。就我个人而言，迄今为止，我在学前教育领域的高水平学术期刊发表了120多篇同行评审的英文论文，这些论文大部分是关于师幼互动质量评价的。很多人好奇我获得成功的秘诀是什么，其实是受益于我的导师和合作伙伴们给予的高质量反馈。

强调在教学中提供反馈的理论基础是什么呢？建构主义理论［尤其是苏联心理学家维果茨基（Vygotsky）的"最近发展区"理论］与行为主义学习理论，为教学中的反馈提供了理论依据。维果茨基认为，儿童在学习过程中，其实际发展水平（第一水平）与在他人的帮助下解决问题时的潜在发展水平（第二水平）之间存在差距，这个差距就是"最近发展区"。通过在教学中搭建支架（也被称为"脚手架"），学习者可以在教师的帮助下消除这种差距。

因此，在课堂上，当教师给予儿童反馈时，要有意识地提供支架，如给予儿童一些暗示和帮助，助力他们达到"最近发展区"。比如，很多小班的孩子入园时已经学会数数，有的甚至能数到50或100，但很多都是在机械地数数，并不能按数取物。换言之，如果你让他数出5个小熊拿给你，他可能还做不到。但是，如果你点指着一个小熊让他数一个数字，并告诉他最后说的数字是总数，他就能成功。这是因为你的教学——提供的暗示和帮助——使其达到了"最近发展区"，完成了点数5个小熊的任务。

除了建构主义理论，行为主义学习理论在有效反馈中也起到了一定的作用。行为主义者认为，学习是刺激与反应之间的联结，行为是学习者对环境刺激所做出的反应。他们把环境看作刺激，把随之而来的有机体行为看作反应，认为所有行为都是习得的。美国心理学家爱德华·李·桑代克（Edward Lee Thorndike）曾经做过一个经典的实验——迷笼实验。他将饿猫关入笼中，笼门紧闭，并在笼外放一条鱼。饿猫拼命挣扎，或抓或咬，试图逃出笼子去吃外面的鱼。偶然一次，它碰到踏板，得以逃出去吃到了食物。多次实验后，饿猫的无效动作越来越少，最后一次入笼后，它立即触碰机关打开了笼门。

行为主义学习理论带给我们的启示是：教师应为儿童创设一种环境，尽可能最大限度地强化儿童的适宜行为，消除其不适宜行为。就反馈质量这一维度而言，教师的赞美和鼓励，尤其是对儿童在付出艰辛努力过程中具体行为表现的积极肯定，可以驱动儿童持续参与活动、战胜困难或者向更大的挑战发起冲击！

> **分享与讨论**
>
> 请你和同事一起玩以下游戏来理解行为主义理论的含义，并说说通过这个游戏，你发现什么样的反馈能够让游戏参与者A更快地找到目标物品。游戏玩法如下。
>
> 1. 选一位游戏参与者A，并请A闭上眼睛或者背朝大家站好。
> 2. 你将任意物品藏到班级的任意处。
> 3. A睁开眼睛开始寻找，其他人不能告诉A物品的具体位置，只能通过说"冷""暖""热"来提示。如果A离所藏物品较近，其他人齐声说："暖！"反之，齐声说："冷！"随着A距离目标位置越来越近，其他人可以说："更暖！"等A到达目标位置旁边时，其他人可以通过说"热"来提示。
> 4. A在规定时间内找到目标物品即获胜。

回顾近年来课堂教学的变革历程，其中最值得一提的是人们对教师反馈的功能发生了认识上的转变。概括而言，由教师单纯评价儿童给出答案的正误或者完成任务的好坏，拓展为以进一步的提示或提问激发儿童的深度概念理解及思考的模式。具体而言，由传统课堂上的"教师提出问题或任务—儿童做出反应—教师评价"模式逐渐发展为进步型课堂上的"教师提出问题或任务—儿童做出反应—教师反馈（做出评价和进行高阶提问）"的模式。奇恩（Chin，2004）将教师的反馈具体划分为以下两类。

- 评价-讲授式反馈（Affirmation/Correction-Direct Instruction，ACDI）：指教师在具体、有针对性地评价儿童答案的正误或者任务完成好坏的基础上，进一步对相关信息加以说明，以拓展儿童的认知。
- 提问-支架式反馈（Extension By Responsive Questioning，EBRQ）：指教师以进一步提问的方式引导儿童的进一步思考，深化儿童对某一概念的理解和把握。

这两类反馈方式恰好与CLASS反馈质量维度下面的指标相匹配。为了解幼儿园教师在数学活动中使用反馈策略的情况，几年前我在广东省分层随机抽取了57位幼儿园教师进行研究，并提出以下两个研究问题：

1. 教师对具体反馈策略的使用是否会引起儿童高阶思维的出现？
2. 为什么教师的反馈策略能引起或不能引起儿童的高阶思维反应？

对于收集到的数据，我们采用质化与量化相结合的分析方法，即基于"教师提出问题或任务——儿童做出反应——教师反馈（做出评价和进行高阶提问）"的框架，我的两位研究助理（已经过培训并获得认证的CLASS评分员）对数学活动视频（20分钟时长）中的师幼对话进行文本转录，并编码、打分。然后，他们根据布鲁姆的目标分类法将儿童的反应编码为高回应、低回应和微回应。同时，我们还收集并分析幼儿园教师使用反馈策略的典型案例，从而了解教师经常或较少使用的具体策略。

研究结果如下所示。

1. 教师在数学活动中频繁地使用认可儿童的努力和来回交流的策略，但很少出现信息丰富的反馈，或引发思考的反馈。
2. 反馈质量与儿童在数学活动中的批判性思维有关。其中，教师使用要求儿童解释思考过程的策略与儿童的高阶思维反应呈正相关。

3. 教师对来回交流和坚持性两种策略的使用能够正向预测儿童的高阶思维反应，高师幼比可以正向预测儿童的高阶思维反应。
4. 教师在数学活动中会首先考虑实现教学目标，而不是扩展儿童对知识的掌握；教师在数学活动中无法有效地使用支架、质疑的策略，更倾向于直接告诉儿童正确的答案，而不是一步一步地引导儿童发现答案。

从以上研究结论我们可以看出，在使用反馈策略时要注重儿童的反应，要从能否引发儿童的思考来判断反馈策略的有效性。

关于教师反馈重要性的研究非常丰富。美国天普大学的菲舍尔教授等人（Fisher et al., 2013）在其文章《了解形状：支持学前儿童通过引导性游戏习得几何知识》（Taking Shape: Supporting Preschoolers' Acquisition of Geometric Knowledge through Guided Play）中指出，在儿童早期通过游戏学习形状概念的过程中，成人提供脚手架，可以提高儿童的活动参与度，促进他们的直接探索和意义建构。他们将70名4—5岁儿童分成3个小组，分别通过引导性游戏、自由游戏和说教方式让这些儿童学习四种几何形状的特性。研究结果显示，与其他组相比，参与引导性游戏小组的儿童对形状的了解有所提高，而且这种效果在1周后仍然很显著。

儿童可以在自由游戏中习得这些几何知识吗？事实证明，儿童在自由游戏中也能探索形状，只是他们的收获可能是感性的、浅层的、零散的。相比自由游戏，引导性游戏中教师的引导或者反馈，能够帮助儿童探索他们自己认识不到的某一维度，或者帮助儿童对感性的、零散的认识进行梳理、总结和归纳。

根据CLASS的定义，反馈质量描述的是教师怎样就儿童的表现和作品给予详细的、有针对性的反馈，从而拓展他们的知识和技能，并鼓励他们持续参与活动。从具体指标构成看，有效的反馈体现为：

①当儿童理解概念、回答问题以及完成活动有困难的时候，为儿童搭建脚手架；②对儿童的评论、行动和表现给予持续不断的反馈，从而帮助他们理解概念或者获得正确的答案；③引导儿童解释他们的想法、问题或答案背后的依据；④提供额外的信息来拓展儿童的理解或行动；⑤用不同种方式鼓励儿童，以促进他们的理解（见表8.1）。

表 8.1 反馈质量维度的指标

指标	支架	循环反馈	促进思考过程	提供信息	鼓励和肯定
行为描述	• 暗示 • 帮助	• 来回交流 • 教师的坚持性 • 后续问题	• 要求儿童解释思考过程 • 质疑儿童的反应和行为	• 拓展 • 澄清 • 具体的反馈	• 认可 • 强化 • 儿童的坚持性

支 架

辛静婷和吴心楷（Ching-Ting Hsin & Hsin-Kai Wu，2011）将30名4—5岁儿童分为两组进行"沉与浮"的教学实验。其中，一组儿童仅通过操作实验材料来探究哪些材料会下沉、哪些材料会上浮；另一组儿童不仅操作实验材料，还在探究过程中获得了教师提供的支架，比如教师引导儿童注意一些现象、向儿童演示如何解决一个问题等。实验前后，研究者均通过谈话了解了儿童对沉和浮的影响因素的理解。

研究发现，在有教师支架的一组儿童中，有更多的儿童认为材料的特性（如密度）影响沉与浮；而在没有教师支架的一组儿童中，有更多的儿童认为材料的大小、重量等影响沉与浮。

以上研究结果表明，教师的支架可以帮助儿童在动手探究时关注到关键信息，并更深入地理解信息。教师的支架策略主要体现为以下两个方面。

暗示

暗示也被称为"提示",是指教师引导儿童关注或思考问题的某个方面,或者给予儿童部分信息作为线索。比如,在观察植物的生长变化时,儿童自己有时很难注意到植物的特征。这时,教师可以引导儿童关注"颜色有什么变化""叶子的形状有什么变化"等。如果儿童在观察和表述上仍有困难,那么教师可以进一步提示他们:"上一周记录时叶子是细细尖尖的,今天叶子的形状是……"把后半句留给儿童思考和回答。

给儿童提供暗示,是一种需要反复锻炼的能力。我在日常教学中经常可以观察到这样的情景:当某名儿童回答不出问题时,教师习惯性地把问题抛给其他儿童,或者自问自答。其中,一个重要原因是教师没有意识到或者不知道如何给出暗示。这样的情形在我们的家庭教育中也很常见。因此,成人要擅长运用暗示的策略,而不是直接把答案告诉孩子。比如,当孩子背不出"谁知盘中餐,粒粒皆辛苦"这一句古诗时,成人可以做出手捧盘子或者吃饭的动作来提醒孩子。成人也可以和孩子玩一些使用语言暗示的游戏,比如猜猜是什么的游戏。游戏规则是,向对方暗示你手中的图片所显示的物体,让对方猜。成人还可以针对地理和历史知识设计游戏内容。这类游戏不但互动性强,而且非常有趣。

有的家长和教师在孩子遇到困难与挑战的时候喜欢取笑他们,甚至说:"这么简单都不会,真笨!"事实上,笨的不是孩子,而是缺乏暗示策略或智慧的成人。

帮助

帮助是指教师在儿童完成学习任务或解决问题时给予必要的协

助。比如：教师为儿童做示范，让儿童观察和模仿；在儿童动手操作时，助他们一臂之力。在前文所列举的关于"晴天多还是阴天多"的案例中，教师就示范了一种思考的策略，即数一数再比较的策略。

沙沙在宾果卡片上寻找相互匹配的图像时遇到了困难。

教师说："我觉得你可以找到这个，然后让我们看看，是不是有另外一个图像和这个图像长得很像？"

沙沙把一个长方形的卡片放在一个正方形的卡片上，然后问教师是否正确。

教师说："它们看上去很相似，但是并不一样。你看，正方形的四条边都相同，这个图形的四条边有什么不同？"

沙沙又看了一下，说："这两条边比较长。"

教师说："你说对了，有两条边比较长。你能找到另外一个有两条边比较长的图形吗？"

沙沙扫了一眼宾果卡，很快就找到了长方形。

实践链接

在玩图片接龙游戏时，一个孩子无法辨认出图片上的东西，于是教师问他："你看看这个蓝色的是什么东西，我们昨天上课的时候讲过，下雨天会用到的。"（**暗示**）孩子看着图片小声地说"是雨伞"。教师说："对，让我们一起找找还有哪个是蓝色的雨伞。"（**帮助**）

循环反馈

循环反馈是指教师与儿童之间来回地交流和持续地对话，以促进儿童对一个主题或者问题的深入理解。我在对广东省幼儿园教师所做的研究中发现，教师在一个数学活动中使用来回交流和坚持性策略的频率越高，儿童做出高认知水平回答的频率也越高。这项研究支持了很多前期研究的发现，说明教师和儿童就同一个话题来回交流以及教师坚持引导儿童深入理解，有利于儿童对学习内容进行高水平的思考。循环反馈主要包含下面三种策略。

来回交流

来回交流是指教师和儿童就一个话题来回对话，以帮助儿童理解想法或得到正确答案。来回交流的同时，教师可能还使用其他帮助儿童理解和思考的策略，但是在这里，我们关注的是交流的回合性。就像打乒乓球一样，我们追求回合的次数，因为次数越多就代表讨论得越深入，学习的机会也随之增多。这是很多家长，尤其是爸爸们首先需要学习的策略。他们平时工作繁忙，晚上回家后想跟孩子好好聊天，可是往往一两句话之后就没有了下文，交流的回合次数太少。请看下面两个案例。

爸爸：小葫芦，今天在幼儿园开心吗？

小葫芦：开心。

爸爸：你在玩游戏吗？

小葫芦：你别打扰我。

爸爸沉默。

爸爸：小葫芦，你今天乖不乖？

小葫芦不作声。

爸爸：你在玩游戏吗？

小葫芦：你别打扰我。

爸爸沉默。

很多家长无法与孩子进行有来有往的沟通，一个共同的原因是他们习惯问封闭式问题，而不是开放式问题。"你乖不乖？""你听没听话？""你开不开心？"等都是封闭式问题，孩子只需要回答"是"或"否"就可以了，无须延展开来。家长可以改变一下问问题的方式，比如"给爸爸讲一个今天在幼儿园里发生的有趣的事情""我听说你今天回答问题特别棒，跟爸爸说说你是怎么回答老师的问题的？"。一开始问这样的问题，孩子可能需要一个学习回答的过程，但久而久之，他们会习惯性地给出详细且具体的答复。

教师的坚持性

当教师持续鼓励儿童理解某一概念而不是让他们浅尝辄止时，或当教师鼓励儿童完成某一工作而不是让他们逃避时，这就体现出教师的坚持性。教师的坚持性非常重要，比如，在给予儿童反馈的时候，教师的持续追问可以促使儿童进行深度思考和学习。家庭中的亲子互动也是如此。比如，当爸爸提出开放式问题时，孩子没有给出预期的回答，或者避而不谈，那么爸爸就可以换一种提问方式继续有技巧地与孩子交流。我在美国得克萨斯州基督教大学任教时，经常带领小学教育专业的学生去该校附属的小学进行实地观察。这所附属小学在教育有学习障碍和唐氏综合征的儿童方面是远近闻名的。我和学生们观察到，一些患有严重的注意力缺陷障碍的孩子，到了小学三年级时对于写日益繁重的作业表现出巨大的反抗与逃避行为。为了让他们顺利地完成练习题任务，该校的教师非常擅长使用坚持的策略。很明显，要求他们一次性答完题目是不明智的，因此教师会先"引诱"他们回答容易解答的问题，比如"把书翻到第几页找到第几道题，并朗读题目"，然后问："你要如何解答这个题目，是使用××方法还是××方法？"等孩子回答后，教师再继续追问。

后续问题

教师在儿童回答的基础上进一步追问,以促进儿童更高水平的思考和理解。比如,在儿童选择了使用××方法解决问题后,教师可以追问:"你能解释一下为什么要选择这个方法吗?"

 实践链接

在过渡环节喝水的时候,孩子们发现天花板上有一只蜘蛛,于是和教师展开了讨论。

儿童:看!那里有一只蜘蛛!

教师:哦,那是一只很大的蜘蛛。你们之前在哪里见过蜘蛛吗?(*后续问题*)

孩子们纷纷回答:我在家里见过。我在外面玩的时候见过。我有一次在市场里见过。

教师:这么多小朋友都见过蜘蛛啊!那你们有没有观察过蜘蛛是长什么样子的?(*后续问题*)

儿童:没有。我知道蜘蛛有很多条腿。

教师:好,那喝完水的小朋友来观察一下,看看蜘蛛是长什么样子的。(*后续问题;教师的坚持性*)

儿童:它是黑黑的。我好怕啊,它会不会咬人呀?

教师:我们先来数一数,看看蜘蛛到底有多少条腿。(*教师的坚持性*)

儿童和教师一起:一、二、三、四、五、六、七、八!

教师:哦,这只来到我们班级做客的蜘蛛有八条腿。那你们知道蜘蛛吃什么吗?(*后续问题*)

儿童:我知道,吃虫子!

> 教师：对了，蜘蛛吃虫子，所以它是益虫。但是小朋友们不要去拍它，因为它是有毒的。你不去拍它，它就不会咬你。（来回交流）

分享与讨论

教师两人一组，一人扮演儿童，一人扮演教师，以绘本《母鸡萝丝去散步》①（Rosie's Walk）的第1—6页内容为例，练习与儿童进行持续的交流反馈，并使用来回交流、教师的坚持性、后续问题等策略。

促进思考过程

促进儿童的思考过程非常重要，因为儿童有时即使运用错误的逻辑也可能得到正确的答案，所以教师要及时察觉，让儿童对自己的回答做出解释，这不仅可以帮助他们纠正错误，还可以让他们及其同伴知道正确的答案是怎样来的。促进儿童的思考过程主要包括以下两种策略。

要求儿童解释思考过程

教师可以通过问很多"为什么"的问题来引导儿童解释他们的思考过程。比如，教师让中班儿童猜谜语，谜面是"像熊比熊小，像猫比猫大，竹子作粮食，密林中安家"，谜底打一动物，很多儿童

---

① 该书的简体中文版已由明天出版社于2017年出版。

猜是"熊猫"。教师问:"为什么你们猜是熊猫呢?"有的儿童回答说:"熊猫就爱吃竹子,所以我猜是熊猫。"又如,教师看到儿童在用积木搭高楼时把小块的积木放在最下面一层,把大块的积木放在上面,就问儿童:"为什么你决定把大积木放在小积木的上面?"

质疑儿童的反应和行为

教师可以通过问与儿童的反应或行为相关的问题,比如"你怎么知道……""真的是你说的这样吗?""真的是这样吗?",促进儿童思考。比如,在探索了卡片的影子大小与光源的距离之间的关系后,教师问儿童:"怎样可以让影子变大和变小?"一名儿童说:"手电筒离卡片越近,影子越小;离得越远,影子越大。"教师问:"真的是这样吗?手电筒离卡片越近,影子越小吗?"这名儿童与身边的另一名儿童交流了一下,又拿自己的手电筒和卡片在墙上做了一次实验,然后纠正自己的答案说:"离得越近,影子越大。"

从上述例子中可以看出,这个互动的过程让儿童注意到了自己的思考和解决问题的方法,认识到思考的过程很重要。当儿童习惯了这两种策略后,它们就会慢慢变成儿童自己的推理习惯,以后无论做什么工作都受益无穷。有时,这两种策略未必能明显地区分开,但是无论要求儿童解释他们的思考过程还是质疑儿童的反应和行为,本质上都是在培养他们的逻辑思维能力。

 实践链接

在阅读绘本《大卫,不可以》的时候,教师翻开书的扉页请小朋友们说一说看到了什么,一个孩子说:"妈妈生气了。"

教师问道:"你怎么知道妈妈生气了呢?"(*质疑儿童的反应和行为*)

> 孩子回答:"因为妈妈叉着腰。"
>
> 教师追问:"为什么妈妈叉着腰就表示她生气了呢?"(要求儿童解释思考过程)
>
> 孩子回答:"因为我妈妈生气的时候就会这样叉着腰对我说话。"

分享与讨论

在课堂上或者生活中,你是怎么使用要求儿童解释思考过程与质疑儿童的反应和行为这两种策略的?请具体举例说明。

提供信息

提供信息是指教师在儿童回答的基础上,提供额外的信息来丰富儿童的理解、澄清儿童的认识或给予儿童具体的反馈。它主要包括以下三种策略。

拓展

教师会拓展儿童先前的回答、认识或行为,帮助他们把新知识与其自身或已有知识、经验联系起来。比如,当儿童在自然角观察蜗牛时,他们发现投放的菜叶被蜗牛吃出了许多洞,就说:"原来小小的蜗牛也是要吃东西的。"教师补充说:"是啊,蜗牛要吃东西才有能量,才能长大,就像我们小朋友也要补充食物才有能量,才能学习、做游戏、长个子。"拓展儿童的回答也是对儿童的一种尊重,表明教师重视和认可儿童的看法。

澄清

当儿童给出一个不正确的答案或者答案中包含一些误解时,教师要提供详细的信息予以纠正。比如,在读完绘本《小熊的第一次冬眠》①(*Little Bear's First Sleep*)后,教师和孩子们讨论哪些动物也会冬眠。有的儿童说蛇、青蛙、乌龟会冬眠,有的儿童说田鼠会冬眠。教师澄清说:"田鼠虽然冬天会躲在洞里,但并不像熊那样不吃不喝一直睡觉,它们会在秋天储存大量的食物放在冬天吃。我们下次可以一起读《田鼠阿佛》②(*Frederick*),里面讲了田鼠怎么过冬。"

具体的反馈

教师应根据每名儿童回答的具体情况给予详细的、个性化的反馈,而不是笼统地说"好"或"做得好"。比如,孩子们在班里分享元宵节当天是怎么和家人度过的时,一名儿童说:"我和妈妈、外婆一起包汤圆了,我们包了黑芝麻馅的汤圆。"教师回应说:"我小时候也和妈妈一起包黑芝麻馅的汤圆,黑芝麻真香。"另一名儿童说:"我和爸爸妈妈去公园看漂亮的花灯展了,有仙女样子的花灯,有鲤鱼样子的花灯,有花朵样子的花灯……"教师回应说:"公园里的花灯各式各样,美极了!"

 实践链接

> 教师给孩子们展示了一组卵生动物及其卵的图片,一个孩子指着小丑鱼的卵,说:"那是鱼蛋。"教师回应说:"是

---

① 该书的简体中文版已由江苏凤凰少年儿童出版社于 2019 年出版。
② 该书的简体中文版已由南海出版公司于 2010 年出版。

> 的，那是鱼妈妈的蛋（*具体的反馈*），我们叫它'卵'（*澄清*）。鱼妈妈产卵之后，鱼宝宝会吸收里面的营养，慢慢发育长大，然后变成小鱼（*拓展*）。"

鼓励和肯定

教师鼓励和肯定儿童的目的是提高他们的参与度，增强他们的坚持性，包括以下三种策略。

认可

教师对儿童的工作过程、付出的努力给予肯定。比如，教师说："哇，你通过动脑筋想到一个好办法！""说说你的作品，你是怎么用超轻黏土做出这只鸟的？""哇，你用手指在图画上画出了很多颜色。跟我说说你是怎么做的。"

强化

在儿童面对困难任务时，教师通过鼓励性的话语强化儿童的信心，增强儿童的坚持性。比如，教师说："新的橡皮泥真的很硬，要用比较大的力气去揉搓。我看到你已经让它变得有些软了，你再试试。""这看上去有些困难。继续努力，我相信你一定可以做到！"

儿童的坚持性

儿童在教师的强化和鼓励下，坚持完成任务或开展活动。教师在给予儿童鼓励和肯定时，应坚持"过程性取向"，即主要关注儿童个体能力的提高、努力、坚持性以及让儿童尝试新的策略等。

实践链接

孩子们在建构区搭建了一座城堡,教师看到后,说:"哇,你们搭了一座城堡呀!你们的这座城堡看上去真的很豪华。(认可)那么,接下来你们打算再搭一些什么呢?城堡周围会有什么呢?再想想。"(拓展)于是,孩子们开始在城堡周围搭建花园和围墙。(儿童的坚持性)

分享与讨论

你在课堂上给予儿童的鼓励和肯定是以笼统的表扬(如"你真棒")为主,还是以强调理解、努力和坚持性为主?请以儿童的建构游戏为例,设计五个有助于提高儿童参与度、增强他们坚持性的鼓励和肯定的语句。

 思考与练习

案例1 图片接龙游戏

(背景介绍:教师在自由游戏时间协助一名儿童玩图片接龙游戏。)

教师:看一看,每个板上面都有图形,你猜猜看这是什么形状?是不是雨伞?(教师指着图片积木上的不完整的雨伞图形)

教师:你再猜一猜这个(教师指着图片积木上黄色的不完整图形)。猜不到啊?那我们先来找雨伞。

(儿童找了有部分黄色图形的积木,尝试与原有黄色图形的积木拼在一起,没有找有剩下的带有部分雨伞图形的积木)

教师:哎,是不是呢?你看看有腿的哦,这个有没有腿呢?我

们先把雨伞找出来好吗？雨伞在哪里？能不能找到雨伞？

（教师指了指有部分雨伞图形的积木）

教师：这个是雨伞吗？你确定吗？那你试试把它拼起来。

（儿童拿起积木尝试拼凑）

教师：对了，这就是接龙游戏，把它们接起来。

教师：这个又是谁？找一找。（教师指了指同一块积木上不完整的鸭子的图形）

（儿童找对了鸭子的积木）

教师：真不错，又找到了，它是谁呢？

儿童：小鸭子。

教师：那这个是什么？（教师指着同一块积木上部分房子的图形）

儿童：房子。

教师：对，是房子，房子又在哪里呢？我们来看看，房子在哪里？把房子找出来，再把它拼起来，就像你刚才把小鸭子的积木找出来拼好一样。你能找到吗？动一动手指。

教师：这个是不是？（教师指着一块积木）

教师：那这个是不是？（教师又指了另一块积木）

（儿童拿着这块积木，尝试拼凑）

教师：是，就是这个，好，现在轮到你了，你将它们连接起来好吗？

（儿童很快找到一块积木，与原来的积木拼接起来）

教师：真不错，又找到了。

请你一边阅读，一边用反馈质量维度的五个指标（支架、循环反馈、促进思考过程、提供信息及鼓励和肯定）以及相关的具体策略对这个案例进行分析。

案例 2　凹和凸

（背景介绍：教师在集体活动时间和孩子们展开关于物品哪部分是凹的、哪部分是凸的的讨论。）

教师：好，田田，你说说。

田田：我找的东西是一个印章，这里有一点凸，这里有一点凹。

教师：什么图案是凸的，什么图案是凹的？

田田：红色的是凸的，黄色的是凹的。

教师：东东，你说说。

东东：我刚才发现，凸出水面上的是凸出来的，凹进水面里的是凹下去的。

教师：它们两个是同样的图案吗？

东东：是的。

教师：你们看看，东东发现了同样的图案，这里是……

其他儿童：凸的。

教师：那这里呢？

其他儿童：凹的。

教师：除了这件物品之外，你们还在什么物品上发现凸的地方和凹的地方，我请青青来说。

青青：笔头这里是凹的，笔尾这里是凸出来的。

教师：好，我们看一下，青青说了笔头和笔尾，他分得清笔头和笔尾，说得很好。他说笔头是凹的。

其他儿童：不是，笔头是凸的，笔尾是凹的。

教师：青青说笔尾是凸的。

其他儿童：不对。

教师：凸的会怎样？

其他儿童：凸出来。

教师：凸的地方会高出来一点，那么凹的呢？

亮亮：像有坑一样。

教师：他说像有个坑一样会掉进去一点，是不是？还有谁想回答？

请你一边阅读，一边用反馈质量维度的五个指标（支架、循环反馈、促进思考过程、提供信息及鼓励和肯定）以及相关的具体策略对这个案例进行分析。

案例3 大班科学活动"弹性"

（背景介绍：教师站在教室前面，孩子们围坐成半圆形面向教师，教室前面左右两边有两张桌子，上面摆好了实验材料。）

教师：今天我们班来了一位小客人，这位小客人是谁呢？噔噔噔噔。（教师举起弹簧小人）

孩子们：小人，弹簧小人！

教师：这是一个弹簧小人。弹簧小人今天会变魔术，它很小，你们要仔细看它有什么魔术本领。看好，我一拉，弹簧小人怎么样了？

孩子们：变长了，变高了。

教师：哦，变高了。我松手呢？

孩子们：它变矮了。

教师：哦，回到原来的地方了。再看看，弹簧小人现在是这样，我没动它。我按一按它，它怎么样了？

孩子们：变矮了。

教师：哦，变矮了。再看。

孩子们：它也不摇晃了。

教师：哦，它变矮了，然后一动不动了。我再一松手（教师把压着弹簧的手松开），会怎样？多多说。

多多：弹了起来。

教师：哦，弹了起来。刚才弹簧小人是怎么变魔术的呀？有什么变化呢？谁来说说看。

阳阳：它能变高，也能变矮。

教师：它是怎么变高、变矮的呢？欢欢说。

欢欢：因为它的身体有弹簧，你用手轻轻一拉那个弹簧，就把它给支撑起来，它就变高了。当你按着的时候，弹簧也被你按紧了。

教师：哦，我用手一拉一按，它就会变高、变矮。可是我手一松，它怎么样了？小宇说。

小宇：弹回去。

教师：弹回去了。这可是它的小秘密，竟然被你们发现了，你们太厉害了。今天弹簧小人还带来了很多材料，这些材料也藏着一些小秘密。你们认识这些材料吗？（指着桌子上的材料）谁愿意给大家介绍一下这些材料呢？好，请红红来介绍一下吧。

红红：有海绵，有弹簧。

教师（指向左边的桌子）：哦，这是海绵。哪个是弹簧？

红红（指向右边的桌子）：那边。

教师（指向右边的桌子）：这一盘里面是弹簧，还有呢？你到前面来介绍。

红红（走到桌子前指着材料）：松紧带。

教师：哦，这个盘子里面有松紧带，还有什么呀？

红红：还有小闹钟。

教师：哦，这是小闹钟吗？

成成：弹簧秤。

教师：这是弹簧秤，还有什么？

红红：还有水果，假的水果。

教师：嗯，这是塑料的水果玩具，这些材料里面也藏着和弹簧小人一样的秘密。你们能把它找出来吗？

孩子们：能。

教师：那么，用什么方法可以找出它们的秘密呢？刚才我在操作弹簧小人的时候是怎么做的？你们可以怎么做呢？成成说一说。

成成：我可以拉着那个弹簧，把它拉长。

教师：哦，可以用手拉一拉。还有呢？小海说。

小海：可以把松紧带拉一拉或者松一松。

教师：哦，可以拉一拉、松一松。除了拉一拉、松一松，还可以用什么方法操作这些材料呢？小花说一说。

小花：可以拿一个东西用弹簧秤称一称。

教师：哦，可以用弹簧秤称一称东西，看看有什么发现。如果直接用你的手操作弹簧秤，可以怎么做呢？云云说。

云云：可以把它这样（手半握朝下拉）拉下去，然后再拉起来。

教师：哦，可以拉上拉下，看看它有什么变化。还有什么呢？这些材料除了用手拉一拉，还可以用什么方法呢？妞妞说。

妞妞：海绵可以用来压一压。

教师：哦，可以用手压一压、抓一抓、捏一捏、挤一挤，看看有什么发现。一会儿，请小朋友们自己找材料玩一玩，看看你们是怎么玩的、它们有什么变化，好不好？

孩子们：好。

教师：每样材料都要试一试，那么玩过以后怎样放呢？

孩子们：放回原处。

教师：你们怎么知道哪个是原处呢？

孩子们：看标记。

教师：哦，可以看筐子后面的图片标记。好，现在请每位小朋友自己找一个空的地方试一试，可以在椅子上玩，也可以在空位上玩。（教师在孩子们中间巡视，来到玩弹簧秤的乐乐身边）你发现什么了？你用手是怎么玩的？

乐乐：用手一拉。

教师：用手一拉，它会怎么样？

乐乐：它就会指到另外一个刻度。

教师：那你放手呢？

乐乐：放手，它就回到原位了。

教师：哦，这是怎么回事呢？好好想一想。

教师（又走到晨晨身边，他正在上下晃动着玩弹簧）：你发现什么了？

晨晨：我发现，当这样拉长时，它会弹起来。我一松开，它就回到原位了。

教师：哦，是怎么回事呢？

晨晨：因为我弹的时候它会拉上去，如果我不弹，它就会缩回去。

教师：待会儿把你的发现告诉我和小朋友们啊。

（教师继续巡回指导，若干分钟后）

教师：好了，现在请小朋友们把自己玩的材料放回到原位，找一个空位置坐下来。你看，大班孩子眼睛可亮啦，这里有一张空椅子（向一个找不到座位的孩子指出空座位）。刚才你们找到这些材料的小秘密了吗？找到的人请举手。哇，你们都找到了，真了不起！你们刚才是怎么玩的，它们有什么变化呢？谁愿意与我们分享一下？请西西说说你玩的是什么，拿到前面来给我们演示一下。

西西（拿着玩具上台）：我玩了这个，它可以变这么长。

教师：你是怎样让它变成这么长的呢？

西西：我拉了一下。

教师：哦，变成这么长！然后呢？

西西：然后我一松手，它就会很快变短，而且变短之前，它还会……

教师：还会怎样？（教师做出模仿弹簧来回收缩、变长的动作）

西西：荡来荡去。

教师：荡来荡去，是不是啊？

西西（收起弹簧）：然后我这样子把它压紧（他把弹簧紧紧地合拢在掌心），这个弹簧就会黏在一起，只要我把这只手松开，它就会往下弹。

教师：哎呀，它自动地往下弹。这是怎么回事呢？

西西（指着弹簧中间）：因为这里它可以弯曲。

教师：哦，你觉得可能是这样的原因。哎呀，你发现了这个秘密。

西西（在空中像拍球一样上下震动弹簧）：然后我这样子的时候，它就会一上一下，你们发现了吗？

教师：哎，它怎么会一上一下呢？你们知道是什么原因吗？哎呀，这个小秘密被西西发现了，西西真了不起。谢谢你。西西发现这个弹簧玩具可以拉得长长的，一松手就回来了，还会来回地上下弹来弹去，是不是啊？还有谁来说说你玩的是什么？

（教师后来又请孩子们分享了玩弹簧秤、海绵、弹簧玩具和牛皮筋的发现，受篇幅所限，此处省略）

教师：刚才小朋友们讲得可好了，有的人玩弹簧，用手一拉一按，它就变化了。有的人玩牛皮筋，拉一拉它会变长。有的人玩弹簧秤，把它用劲往下拉，弹簧的指针会移动，一松手，又回去了。还有的人玩海绵，用手折，海绵就变小了，松手后又变大了。

教师：这些材料好奇怪，只要我们压、按、拉它们，它们就会变化。可是我们松手不碰它们，它们就恢复原状。这是怎么回事呢？

辉辉：因为它们都具有一些弹性。我们用手一捏一压，它们就弹到旁边了。我们再把手张开，它们的弹性就会使它们变回原样。

教师：你说得真好，不仅清楚，而且完整。你们听清楚了吗？

孩子们：听清楚了。

教师：给他鼓掌。原来这些材料都是有弹性的。因为它们都有弹性，所以才让我们发现这么多有趣的现象和小秘密。太棒了！那么，我们的身体有没有弹性呢？

孩子们：没有。

教师：告诉你们，我们的身体有弹性！看看你们能不能找出身上哪些部位有弹性。脸、手、身体、腿有没有弹性呢？哦，聪聪发现了，你说说。

聪聪（捏着脸）：你看，捏我的脸，它就变成这个样子了。

教师：哦，一捏脸就变瘦了，一松又恢复了。为什么脸有弹性呢？弹性有什么好处呢？

欢欢：因为我们的脸有肉。如果把肉按到一个地方，那就是底部，也就是我们的骨头。如果把手松开，我们的脸自然就会弹回来。

教师：你说得真棒，真了不起！你都能用自己的语言解释这个问题了。那么，弹性有什么好处呢？脸上有弹性有什么好处呢？要是不弹回来，脸就怎么样了？

孩子们：一直扁着。

教师：脸要是一直扁着，是不是变得很丑了？除了脸有弹性，还有哪里有弹性？

（之后，有孩子指出耳朵、肚子、衣服有弹性）

教师：除了我们的身体、衣服有弹性，生活中还有很多东西有弹性，你们知道吗？在我们生活的周围，在幼儿园里、家里、马路上，你们想一想还有什么有弹性。现在挑战我们大班小朋友的时候到了，看看谁先想到。芳芳想到了，你说。

芳芳：轮胎。

教师：轮胎怎么有弹性呢？

芳芳：轮胎会被压扁。

教师：它在行驶过程中会被压扁，然后又怎么样啊？

芳芳：又弹起来。

教师：这么有弹性的轮胎，对我们开车有什么好处呢？

芳芳：可以保护我们的轮毂。

教师：哦，可以保护我们的车辆，不让车辆频繁地颠簸。我们坐在车里也会……

芳芳：很舒服。

教师：也会比较舒服，是不是啊？如果没有弹性的话，在路上开车会怎样？

芳芳：颠簸。

教师：哦，会很颠簸，人会很难受，说得很好。还有谁想到了？

（之后，孩子们又指出安全带、夹跳球和折叠的纸条有弹性，并在教师的启发下说出了安全带有弹性的好处）

教师：现在请你们帮忙做一个纸弹簧玩具，让它变得更有弹性。你们想不想试试看？

孩子们：想。

（孩子们拿着纸张自制纸弹簧玩具）

教师：现在请每位小朋友坐下来，展示一下自己刚才制作的纸弹簧玩具。好，先请阳阳到前面来。说说看，你的纸弹簧玩具是怎么玩的？

阳阳（把纸条围成一个8字形）：用手按下去的时候，它就会扁下来。然后，手一松开，它就会弹上来。

教师：哦，哪些小朋友跟他的方法一样，上来给我们展示一下。

（孩子们上台展示）

教师：他们的弹性玩具真的都有弹性。还有谁的纸弹簧玩具不一样，想分享一下？

（教师又请了两三名儿童分享纸弹簧玩具的不同制作方法）

教师：今天小朋友们开动脑筋，不仅发现周围的很多东西都有弹性，还用纸做出一些有弹性的玩具。我们只要留心观察，就会发现身边有很多有趣的现象，我们再回去找一找，好不好？请你们把自己制作的弹性玩具带回家，把你们的小秘密跟爸爸妈妈分享。

请你一边阅读，一边用反馈质量维度的五个指标（支架、循环反馈、促进思考过程、提供信息及鼓励和肯定）以及相关的具体策略对这个案例进行分析。

第九章

语言示范维度的解读与案例分析

- ✦ 频繁的对话
- ✦ 开放式问题
- ✦ 重复和扩展
- ✦ 自我对话和平行对话
- ✦ 高级语言

语言示范维度，描述的是教师在个别化教学、小组教学和集体教学的师幼互动中有意识地使用语言刺激与语言促进策略的质量和数量。如今，幼儿园教师已经就环境中的丰富语言刺激对儿童发展的重要性达成了共识，所以，幼儿园班级的环境创设非常注重是否为儿童提供了充足的语言刺激。比如，当儿童在教室的墙面上看到自己的作品、自己家庭的照片或者自己和同伴近期一起去野外学习的照片被展示出来时，他们说话的欲望就会被激发。

美国心理学家阿尔伯特·班杜拉（Albert Bandura）强调了环境中丰富的语言刺激的重要性，尤其是环境中成人所起的语言刺激作用。儿童可以通过观察和模仿，发现周围的人使用的语言中所包含的模式与基本原则，并利用这些原则创造出模式相同但内容全新的表达。以美国教育心理学家杰罗姆·布鲁纳（Jerome Bruner）为代表的学者也认为，儿童是在和成人的语言交往实践中习得语言的。与成人交往是儿童语言发展的关键因素，因为在交往过程中，成人会自然地向儿童解释语义，把儿童的简单句或不成熟句扩展成完整的句子，一步步提高儿童的表达水平。成人的这些行为被称为促进儿童语言发展的策略。当成人有意识地使用以上语言刺激与语言促进策略且数量和质量充足时，就会对儿童的语言能力发展起到良好的作用。那么，如何使用这些策略呢？这将是本章讲解的重点。

以美国心理学家伯尔赫斯·弗雷德里克·斯金纳（Burrhus Frederic Skinner）为代表的学者进一步对成人的作用做出了补充。他们认为，如果儿童在使用语言的过程中得到了成人的肯定，那么儿童就会感到自己所使用的语言是正确的，以后遇到类似情况时就会继续使用这种语言。反之，如果他们得到的是负面的反馈，那么他们就不会再使用这样的语言。该理论强调了成人给予儿童的回应和反馈对儿童语言学习的重要性。

我记得在女儿1.5岁时,她的爸爸带她回爷爷奶奶家小住了一些日子。爷爷奶奶的社交生活非常活跃,每天早晨都与老年社团的朋友们一起打球、喝茶、唱歌。我的女儿每次都跟着前去,自然成为众多老人关注的焦点。大家都喜欢与她说话,问她各种各样的问题,而且每当她说出一个字或者一句话时都会受到不停的鼓励和夸奖。自然而然,她说话的动机增强了,词汇量也随之显著增长。3个月后,当我接她回家时,对她快速提升的语言水平惊讶不已!

我女儿的例子也证实了美国语言学家纳尔逊·古德曼(Nelson Goodman)所强调的语言学习内容的相关性和意义性。所谓相关性,是指语言学习内容与儿童的生活经验相关,是完整的、有趣的。所谓意义性,是指儿童在运用语言进行实际沟通的社会情境中学习。这让我不由得想起身边的很多亲戚朋友,他们以孩子参加兴趣班或学习为由减少孩子参与家庭聚会的机会,实质上却一次次剥夺了对孩子成长更有力的刺激因素,即与其他对他们的成长高度感兴趣的成人交流的机会,而这样的交流机会可以激发儿童语言表达的动机,扩展他们的语言信息,并促进他们思考。也有一些家长觉得孩子的爷爷奶奶或外公外婆居住在农村而较少带孩子去看望,其实农村的自然环境给孩子提供了很好的语言刺激,正如城市环境对农村的孩子具有新鲜感和刺激语言发展的因素一样。

总之,成人的存在激发了儿童说话的欲望,因为成人的话语本身就是很好的环境刺激。注重儿童语言发展的教师,在这方面就是行家里手。

表9.1所展示的是语言示范维度的具体指标。

表 9.1　语言示范维度的指标

指标	频繁的对话	开放式问题	重复和扩展	自我对话和平行对话	高级语言
行为描述	• 来回对话 • 即时反应 • 同伴交流	• 需要更多词汇作答的问题 • 儿童的反应	• 重复 • 扩展	• 使用语言描述自己的行为 • 使用语言描述儿童的行为	• 词汇的多样性 • 与熟悉的词汇或想法联系起来

频繁的对话

频繁的对话是指师幼之间以及儿童之间进行多次交流，从而为语言的使用提供大量的机会，主要包括以下三种策略。

来回对话

来回对话是指教师主动向儿童发起对话且对话持续多个来回。这种回合式对话的次数越多，说明交流得越深入。它是交流质量高的一个重要标志。

有的家长反映：“我很用心地与孩子交流，可是他对我说的话根本不感兴趣。”原因不外乎这样几个：一是家长更多地采用封闭式问题而非开放式问题，关于这一点，前文已经探讨过。二是，家长发起对话的时机不对，比如，在儿童专心致志地玩游戏的时候发起对话，此时的对话对儿童来说无疑是一种干扰，他自然无暇回应。因此，家长最好在儿童游戏遇到困扰时或儿童游戏结束时再进行交流。三是，对话环境枯燥，无法激发儿童的交流兴趣。比如，我在教我的女儿学习英语文学时，她的劲头远没有我这个老师足。为此，我采取的一个策略是创建一个更富刺激性的对话学习共同体。我邀请她的一些同伴一起学习，当我与这些孩子讨论时，我的女儿也产生了浓厚的兴趣，开始不停地插话，积极参与。

很多教师反映,他们因为喉咙痛这一职业病而不愿意多说话。对于这种情况,首先,教师要重新检查一下教室环境,看看能否改善吸音效果,比如在积木区的地面铺上具有静音效果的地毯、在天花板上安装吸音材料。其次,教师应尽量用日常说话的音量而非高亢的话剧式语调与儿童交流。在大班额的集体活动时间,教师可以考虑佩戴话筒。最后,在区角游戏或者其他开放性活动时间,教师应自然地与儿童进行对话,鼓励儿童发展交流能力,而不只是围绕行为规范、课堂管理或者教授特定的知识和技能与儿童对话。比如,区角游戏时间,教师看到一名儿童用积木搭建了一个像蛋糕的东西,问道:"你搭的是什么?"儿童回答说:"我做了一个蛋糕,我们今天有生日会。"教师听后惊喜地说:"生日会,太棒了!请问今天谁过生日呢?"儿童指着怀里的娃娃,说:"我的宝宝过生日,她3岁了。"教师评论道:"哦,你的宝宝原来2岁,但今天就3岁了。一会儿的生日会上,你们都会做什么呢?"这样的对话自然发生,促进了教师与儿童之间的社会性互动。

即时反应

即时反应是指教师在与儿童交流时积极倾听,快速做出反应,并提出相关的问题,让儿童感到他们是有价值的交流者。我认为,"有价值的交流者"这一表述非常生动。你可以回顾一下,你上一次觉得自己是一个有价值的交流者是什么时候?交流的内容是什么?交流的对象是谁?当我和我的导师们交流时,我觉得自己是一个非常有价值的交流者,尽管我的英语水平与我的丰富想象力和表达欲不匹配,但他们对我的谈话内容非常感兴趣。他们认真倾听,并不时地提问以确保他们理解得正确,也会运用扩展性句子重复我的话来补充信息,甚至会邀请我发起提问和评论。

教师正在和一组儿童讨论风的作用,她即时回应了每名儿童的表达。

儿童A：风可以发电，我去海边玩的时候看到山坡上有一些很大的风车，爸爸说风让它们转起来就可以发电。

教师：是的，那是风力发电机，它们可以靠风发电。

儿童B：风可以吹干妈妈洗好的衣服。

教师：风可以把湿衣服吹干，这样我们就有干净的衣服穿了。

儿童C：夏天的时候，风可以让我们感觉很凉快。

教师：风会带来凉爽，风有这么多好处呢！

儿童D（迫不及待地插嘴）：可风也很可怕，会把树刮倒，把房顶吹飞，上次刮大风时我特别害怕。

教师：这是台风，上次台风来时我也有些害怕。看来风太大了也会带来灾难。

同伴交流

同伴交流是指教师为儿童创造机会，鼓励同伴之间进行扩展性的交流。比如，在绘本阅读活动"我妈妈"结束时，教师请儿童两两一组，与同伴说说自己的妈妈有什么特别的地方。又如，在科学活动"动物的保护色"中，教师给每个小组提供了一些图片，请儿童和小组里的同伴一起观察图片，找一找每张图片里隐藏着什么动物，讨论它的保护色是什么样的，以及这个保护色是怎样保护它的。

儿童也会主动发起与同伴的持续性交流。当儿童主动寻求与同伴交流时，教师应该鼓励和许可。即使儿童在不恰当的时机——比如集体活动中教师讲授某一概念的时候——开启同伴间的对话，教师也不宜直接批评他们，而是要让他们意识到与同伴交流是值得鼓励的，只是要选择合适的场合。正如很多儿童喜欢东摸摸西碰碰，这些探索行为本身是值得肯定的，只是照护者往往出于安全考量而斥责他们，这会让儿童以为这些行为是不对的，不明白这些行为带来的安全隐患才是成人担心的根源。

因此,教师要创造机会让儿童主动与同伴交流。只要儿童的这种交流需求得到充分满足,他们就会大幅地减少在教师说话的时候偷偷地寻找同伴交流的情况。除了儿童发起的自由游戏外,在教师主导的集体活动时间,教师应安排时间供儿童互相交流。

在积木区,教师问大牛和轩轩在搭什么。

轩轩:一个消防站。

教师:它看上去是一个很大的消防站。

大牛:这是给所有的消防车搭的,不是给人住的。

教师:哦,我明白了,那么人住在哪里呢?

轩轩:人和大牛住一起,他在造一个消防局。

大牛:我造了一个很大的消防局。

教师:给我介绍一下你的消防局吧。

他们继续交谈。

 实践链接

几个孩子在娃娃家玩角色扮演游戏。

儿童A:我要当妈妈。

儿童B:我要当宝宝。

儿童C:我也要当宝宝。

儿童A:哎呀,那么谁来当爸爸呢?(同伴交流)

儿童B:我们去找老师一起玩吧。

孩子们(叫来教师):我们在玩过家家,请你来当爸爸好吗?

教师:好呀,不过你们分别都扮演什么角色呢?(即时反应)

> 儿童A：我是妈妈，他们两个是宝宝。
>
> 儿童B：对，我们是宝宝。我是姐姐，他是弟弟。
>
> 教师：好的，妈妈、姐姐和弟弟，爸爸现在应该做些什么呢？（来回对话）
>
> 于是，孩子们开始分配每个人要做的事情：爸爸出去买菜，妈妈在家做饭，姐姐照顾弟弟。

开放式问题

近年来，教师越来越认识到开放式问题的重要性，这是一个好现象。前文在认知发展维度讲到的很多提问策略都是开放式问题的例子。问开放式问题，对儿童语言发展的促进作用显而易见。

需要更多词汇作答的问题

开放式问题的答案往往是未知的，因此需要儿童给出详细的回答。教师的提问方式如下。

- 请告诉我们……
- 请和大家一起分享你的故事。
- 你觉得……会怎么样？
- 你是怎么知道的？

当然，也有一些答案已知的问题，但是需要儿童表达复杂的想法，比如，"请告诉我这一页讲了什么？"

在美术活动"未来的机器人"中，教师邀请儿童分享自己的想法："你们想要设计一个什么样的机器人？它有什么特殊的功能？"

有的儿童说:"我要设计一个会做饭的机器人,告诉它中午想吃什么饭和菜,它就能按时准备好午餐。"还有的儿童说:"我要设计一个会打扫卫生的机器人,不仅会扫地,还会拖地、整理玩具、擦桌子,这样妈妈就不会那么辛苦了。"

儿童的反应

当教师使用开放式问题的时候,儿童会给出多于"是"或"否"等一个字的回答,并且他们的回答是词汇丰富的,这就是我们希望观察到的儿童反应。

 实践链接

早晨下雨了,于是教师和孩子们一起讨论关于下雨的话题,教师问孩子们:"今天的天气怎么样?"

孩子们说:"下雨了。"

教师问:"你们觉得下雨天怎么样?"(需要更多词汇作答的问题)

孩子们回答:"我觉得很凉快。""我觉得打伞很好玩。""我觉得很湿。"(*儿童的反应*)

分享与讨论

以绘本《猜猜我有多爱你》①(*Guess How Much I Love You*)的封面为例,与同事讨论可以提出哪些开放式问题。

---

① 该书的简体中文版已由明天出版社于2020年出版。

重复和扩展

重复和扩展是指当儿童做出评论或者回答问题时,教师重复儿童的话语,或对儿童的表达进行补充。顾名思义,它由两方面构成,即重复和扩展。

重复

重复是指教师重复儿童的回答,肯定他们的沟通。教师重复儿童的回答,让儿童清晰地听到他们自己的话语,这是一种帮助儿童确认自己的表述是否准确的很好的策略。在重复的同时,教师还可以思考接下来如何继续提问。

扩展

扩展(或具体化)是指教师在儿童陈述的基础上扩充和丰富他们所说的内容,示范更复杂的语言和正确的语法、句法,同时让句子更完整。

教师:冬天到了会怎么样?

儿童(一起回答):冷。

教师:那么变冷了以后呢?小朋友们需要穿什么样的衣服?

儿童:厚衣服。

教师:冬天我们要穿毛衣、棉衣和羽绒服之类的厚衣服。

 实践链接

教师给班里儿童看了一个孩子生病的图片。

教师:你们怎么知道这个孩子生病了?

> 儿童：看量体温的东西。
>
> 教师：看量体温的东西（**重复**），量体温的东西叫体温计（**扩展或具体化**）。
>
> 儿童（指着教室里的温度计，那是他们在讨论天气时使用的）：就像那个吗？
>
> 教师：嗯，就像那个。（**重复**）我们教室里的温度计量的是教室的温度，图上的这个体温计是用来量体温的，两种温度计都可以量温度。（**扩展或具体化**）

自我对话和平行对话

自我对话和平行对话是指教师通过语言来描述自己的行为或儿童的行为，从而扩展儿童的语言。

使用语言描述自己的行为

教师简要地描述自己正在做什么，将语言和行为联系起来。比如，教师一边给儿童分点心，一边描述自己的行为："我今天会给你们每个人分发十块动物饼干。现在，我打开袋子，把饼干取出来放在盘子里，每个小朋友一块小熊形状的饼干，还有这种小鱼形状的……"这个看似简单的策略却起到了示范语言的效果。与教师一样，父母掌握这个技能也非常有必要，因为在照顾尚不具备说话能力的婴幼儿时，它可以有效地促进他们语言能力的萌发。比如，妈妈一边帮孩子换尿布，一边跟孩子说："宝宝，妈妈现在帮你换尿布了。妈妈先把你抱到小床上，把脏的尿布换下来……然后，我们拿一块干净的尿布，妈妈把干净的尿布垫在你的小屁股下面，把小屁股包起来。好了,接下来我们做什么呢?我们先把脏的尿布放到尿布垃圾桶吧……"

使用语言描述儿童的行为

教师对儿童的行为进行语言描述。比如,当教师看到儿童正在娃娃家里给洗完澡的娃娃穿衣服时,可以说:"你给娃娃裹上毛巾,给她擦干……你正在给娃娃穿裙子,这样她就更漂亮了……"在区角游戏时间,当教师不确定自己是否需要介入儿童的游戏时,可以用语言把儿童的动作描述出来。这非但不会干扰儿童的游戏计划,反而会促进他们的语言发展。

 实践链接

> 教师和孩子们一起在益智区玩拼插玩具,教师说:"我要用很多蓝色的插片拼一片雪花,我把它们拼成六边形。"(使用语言描述自己的行为)然后,教师转向旁边的一个孩子,说:"你用这些彩色的插片拼了一辆彩虹色的车。"(使用语言描述儿童的行为)

分享与讨论

两位教师一组,轮流扮演教师和儿童。

1. 扮演教师的一方想象自己正面向儿童做一件事情,一边用动作做出来,一边用语言描述自己的行为。

2. 扮演儿童的一方想象自己正在玩一个游戏,并做出相应的动作,扮演教师的一方则用语言描述儿童的行为。

高级语言

掌握并熟练运用与高级语言指标相关策略的教师和家长，对促进儿童的语言能力飞跃发展非常关键。很多口头语言表达能力强的人士，如律师、大学教授、记者等，在与儿童沟通时非常擅用与高级语言有关的策略。他们要么自己意识到使用这些策略的重要性，要么在受教育过程中亲身体验过这些策略。

拉斯顿和施瓦内弗吕格尔（Ruston & Schwanenflugel，2010）考查了时长为 500 分钟的对话干预对学前儿童表达性词汇增长的效果。他们将 73 名学前儿童随机分为对照组和干预组。干预组儿童每周与成人额外进行两次对话，每次为 25 分钟，在对话中成人会使用高级的、平时较少使用的词汇，重复高级词汇和儿童的表达，并使用开放式问题。干预时间共 10 周。实验后测量儿童的表达性词汇，并通过儿童平时交谈的录音分析其表达时词汇的多样性。研究结果显示：干预组的儿童在表达性词汇测验方面的成绩比对照组儿童有更大的进步，前测时词汇量小的干预组儿童的词汇多样性也比对照组儿童有更大的增长。以上研究结果说明：成人在与儿童交流时使用高级词汇、重复儿童的表述、提开放式问题等，有助于儿童（特别是先前词汇量小的儿童）的表达性词汇量的增加。

美国儿童发展心理学家凯西·赫什-帕塞克（2015）教授的团队指出，低收入家庭中的儿童所听到的语言比家庭较富裕的同龄人所听到的语言少 3000 万字。他们最近的相关研究拓展了我们对这类词汇差异的认知。他们针对 60 个低收入家庭中早期亲子交流的质量和语言输入的数量进行了研究，结果发现儿童在 36 个月大时 27% 的语言表达差异可以归因于在 24 个月大时非语言和语言互动存在的巨大差异。这些质量指标比母亲养育孩子期间的话语数量更能预测儿童后来的语言能力。此研究充分说明了低收入家庭中照护者与孩子之间的高质量、回合式沟通的重要性。父母和幼儿园教师可以参考这种模式来促进儿童的语言发展。比如，教师可以邀请一位拥有大学学历的家长与班级里某些儿童就他们感兴趣的话题进行交流，一周一次，这样做的效果往往好过某些课外的补习班或者训练班。

有的幼儿园教师会问："对儿童而言，什么是高级词汇呢？"的确，我们成人熟悉的很多词汇对儿童来说都是高级词汇。因此，这个问题是一个非常好的教研话题。每个年龄段的儿童的语言发展具有一定的特点，《3—6岁儿童学习与发展指南》也指出了儿童在学前阶段需要掌握的语言技能。但是，每名儿童的家庭背景、发展优势不同，他们入园时的语言发展水平可能存在较大差异。因此，教师需要在观察儿童的基础上不断地调整自己的语言输出，有时需要使用与高级语言相关的策略来挑战儿童，有时需要简化自己的语言让儿童更好地理解。总的来说，与高级语言相关的策略主要涉及以下两个方面。

词汇的多样性

词汇的多样性是指教师使用不同的名词、形容词、动词、副词等词汇解释或者澄清信息。这些词汇对儿童而言是新颖的，但是可以帮助他们学习已经理解的概念。

我记得，当我的儿子上小班（3岁）时，有一天在晚饭的时候他突然跟我说："妈妈，这个食物很美味！"我很惊讶他怎么会说出"美味"这个词语，因为我们一般用"好吃"来形容食物的味道。第二天，我与他的老师分享了这件事才得知，原来老师在与孩子们共进午餐时借机示范了这个词语。

在家庭生活中，父母使用这个策略的机会也比比皆是。当你带着孩子去购物时，在引导他了解食品分类的同时，可以学习同一类食物不同品牌的名称，了解这些品牌的来源等。比如，我的儿子很喜欢吃奶酪，我们会在奶酪区学习各种不同奶酪品牌的名字，并且每次买一两种没有尝过的品牌，一边品尝，一边了解。

与熟悉的词汇或想法联系起来

这一点是指教师将儿童不熟悉的词汇或想法与儿童熟悉的词汇或想法联系起来，以帮助他们理解新词汇或想法。比如，教师让儿童说说在公园里都看到了什么样的花。儿童回答说："有红色的、粉红色的、橘黄色的、黄色的、绿色的，还有蓝色的。"这时，教师总结说："公园里开着五颜六色的花，五颜六色就是很多种不同颜色的意思。真美啊！"

在科学活动"认识熊猫"中，教师指出熊猫是胎生哺乳动物。孩子们对"胎生"一词的意思不理解。于是，教师解释说："就像人类的小宝宝，每个小朋友都是从一个小小的细胞开始的，然后在妈妈的肚子里汲取营养，慢慢长成一个小婴儿的样子，大概10个月时从妈妈的肚子里出生。熊猫的宝宝也是这样在熊猫妈妈的肚子里长大、出生的，其他的哺乳动物，如兔子、狗、狮子等，也是这样。"

 实践链接

> 孩子们在户外看到了蜜蜂，便问教师："蜜蜂会不会咬人？"
>
> 教师说："一般不会咬人。但是如果你们不小心威胁到它们，它们可能会蜇（**词汇的多样性**）你们。蜇和咬不同（**与熟悉的词汇或想法联系起来**），蜜蜂蜇人的时候会把尾部的毒刺扎进人的皮肤里，所以皮肤上会肿起红红的、大大的包。

如果你们不小心被蜜蜂蜇到,一定要先把皮肤里面的毒刺挤出来。"

案例 造桥

(背景介绍:集体活动时,教师摆出很多精巧的模型给孩子们看,然后和孩子们展开了关于如何造桥的回合式讨论。)

教师:我这里摆了很多很多的桥。现在,请小朋友们找一个舒服的位置仔细观察这些桥,但是要带着问题观察,看看这些桥都长什么样子、包含哪些部分。看完以后回到这里讨论。你们可以自由走动,仔细观察。

(孩子们自由观察期间,教师不断地来回走动,尝试与孩子们进行语言交流)

教师:看着这座桥,你觉得怎么样?

儿童A:这座桥有车。

教师:你知道这座桥有车,那座桥没有车。

儿童B:这座桥有桥墩。

教师(笑了):这个是照相照的,不是桥墩。

儿童C:这个桥墩可以把桥扶起来。

儿童B:他说了,这个是桥墩。

教师:哦,有桥墩。看完后,请你们找一个舒服的位置坐下,我们来讨论桥。我们刚才看了很多桥,对不对?你们发现这些桥都有什么样的特点呢?

儿童D:有些桥是弯弯曲曲的,有些桥是直直的。

教师：我知道了，然后呢？

儿童E：有些桥的两边是固定住的。

教师：你们看，有些桥是弯弯曲曲的，有些桥是直直的，还有一些桥的两边是固定住的。你们观察得非常仔细。还有没有呢？

儿童F：那座桥是双车道的。

教师：你发现的桥是双车道的，就是桥面很宽，对不对？

儿童F：嗯。

教师：非常好！还有什么特点呢？

儿童G：有桥墩。

教师：有桥墩！他发现这些桥都有桥墩，为什么要有桥墩呢？

儿童G：如果没有桥墩的话，这些桥就会倒。

教师：如果没有桥墩的话，这些桥就会倒，是不是？

儿童H：有些桥很短，不用桥墩。

教师：这位小朋友发现有些桥很短，不用桥墩。

儿童H：因为它很长，所以需要桥墩。如果没有桥墩的话，桥就会直接塌下去，之后也会被"淹死"。

教师：然后呢？这座桥很长，对吧？这位小朋友说，它需要桥墩。这座桥……

孩子们：很短。

教师：很短，所以不需要桥墩，而且它的两边是……

儿童I：已经固定好的。

教师：嗯。固定在山上了，对吧？

儿童I：对。下面还有屋顶。

教师：它的下面还有屋顶。

儿童I：这样车子就可以平平安安地过去了。

教师：非常好！这些桥有一个共同的名字，你们想知道吗？

孩子们：想。

教师：这些桥有一个共同的名字，叫"梁式桥"。

孩子们：梁式桥。

教师：为什么叫"梁式桥"呢？因为它的桥面像一条梁，平平的，上面没有什么斜拉索，也没有固定用的桥柱子。

儿童J：梁拉桥。

教师：什么桥？

其他儿童：梁式桥。

教师：就像一条梁一样平平的，叫"梁式桥"。今天，小朋友们也来做桥梁建筑师，建造最简单的梁式桥。我给你们准备了一些纸，我们先来尝试一下怎样用纸做一座梁式桥。

孩子们：好。

教师：在每张桌子上，我都给你们准备了两根柱子，你们可以在柱子上做桥。科学区的架子最上面一层有各种各样的纸，现在我请美美先去选材料，因为她坐得最好。那些蠢蠢欲动的小朋友最后选材料。对了，老师没有叫你去选的时候，屁股不要挪来挪去。为什么有些小朋友不知道材料在哪里呢？因为我刚才说要求的时候，他们没有听。他们的屁股在那里动来动去，耳朵肯定不听了，所以就不知道我的要求了。好，剩下的小朋友去选吧。

请你一边阅读，一边用语言示范维度的五个指标（频繁的对话、开放式问题、重复和扩展、自我对话和平行对话及高级语言）以及相关的具体策略对这个案例进行分析。

第十章

综合案例分析

在本章中，我提供了两堂集体活动课的文本，并从情感支持、班级管理和教学支持三大领域出发对每个文本进行了分析。此外，本章还在文末附了一份有关怎样打分以及为什么打分的表格供大家参考。不过，打分并不是本书的目的，因为学会精准打分不是一朝一夕可以做到的事情，必须参加有关打分一致性的培训。指导读者根据 CLASS 指标进行教学分析、撰写分析报告，并清楚地回答问题"是什么""为什么"和"怎么样"才是本书强调的主旨。

案例 1　好玩的弹簧小人

（背景介绍：这是"弹簧"主题下的一节手工活动，孩子们用纸条等材料制作弹簧小人。）

教师：小朋友们好！

孩子们：老师好！

教师：今天，老师有一个很好玩的手工活动，要与你们一起分享。我们先来看一下。这个手工活动的名字叫作"好玩的弹簧小人"。

教师：你们观察一下，这些弹簧有什么特点？（展示幻灯片，出现三个弹簧玩具）

（孩子们集体回答）

教师：哦，可以拉，也可以变成小脚。

教师：你们都见过它们吧？（教师拿出已经准备好的弹簧教具）

（孩子们有的说见过，有的说可以套在手上，有的说自己家里也有弹簧小人，但是送给姐姐了）

小花：我见过弹簧花，有圆圆的头，还有圆圆的脚，中间是弹簧身体。（孩子们关注的是幻灯片上的弹簧小人，而不是弹簧本身）

教师：嗯，它是手工作品。

小花：它还有眼睛、嘴巴、鼻子。它就像个真正的玩具一样。

教师：它就像个小玩具一样。

教师：玲玲，弹簧会弹是不是？

玲玲：它有脚。

教师：弹簧变成脚，是吧？好，欣欣说说看。

欣欣：我小时候有过那种小玩具（幻灯片上展示的玩具），最初在玩具箱里面，后来不知道跑哪儿去了。那种小小的圈（幻灯片上展示的玩具）可以套在手上，我也有。

教师：哦，你们都有弹簧玩具，都见过弹簧玩具，对吧？

成成：我的那个弹簧压下去松开时可以弹得好高。

教师：你把它压下去松开时可以弹得好高，是不是？请你们看一下，我手上的是一根电话线，它也是一个弹簧，我一压下去，它就收缩变短了。当我松开手时，它就恢复到原来的形状了。这就是弹簧的一个特点，当你给它一个外力时，它就收缩；外力撤掉之后，它就恢复原状。

教师：我们今天要尝试用纸条变一个弹簧，你们觉得可以做到吗？

（有的儿童回答可以，有的儿童说不会）

教师：有的小朋友说可以，有的小朋友说不会。没关系，我们一起来欣赏下面这些作品，看看这些弹簧作品是怎么变出来的。

（孩子们观看小视频）

教师：弹簧小人都是用一些废旧材料做的，对不对？

教师：现在，我们就要思考一下，怎么把纸条变成一个小弹簧。有谁要来尝试一下吗？来，小雨试一下。我们看一看小雨能不能把纸条变成一个小弹簧。

（小雨尝试）

教师：观察一下，小雨是怎么做的呀？

蕾蕾：一前一后。

教师：一前一后，是不是？

磊磊：像蝴蝶结一样。

教师：有点像蝴蝶结。

教师：哎，你们看一下小雨的小弹簧发生变化了。

教师：完成了吗？你们看一下小雨做的这个小弹簧。这张纸条上面有什么呀？

孩子们（集体回答）：弹簧。

教师：有虚线，是不是？刚刚小雨是沿着这些虚线折的，她一开始是一前一后地折，但是到这个位置时，她折下去之后，有没有反过来呢？她往后面去，把刚刚折的这些弹簧都包住了，然后又往另外一个方向……最后出来的效果就是这样子的。

教师：我给你们每人发一张纸条，你们尝试一下。

（教师分发材料，孩子们尝试）

教师：每人拿一张纸条，然后向旁边的小朋友传一下。

教师：拿到纸条的小朋友可以尝试一下，看一看能不能挑战成功。

教师：你看一下。哇，布丁的弹簧已经做成了！

牛牛：我也是。

教师：哦，你也做好啦。好了，可以把你做的弹簧给大家看一下。你也看一下同伴们做的弹簧。

教师：圆圆做的弹簧，跟玲玲做的弹簧一样吗？

孩子们（集体回答）：不一样。

教师：哪里不一样啊？

聪聪：有一个下面有一点弯弯的，有一个下面没有弯弯的。

教师：有一点弯弯的。

教师：你们看一下这两个地方，都是往一个方向折的，是不是？它是往里面折的，这个弹簧有没有呀？有没有相邻的两条线，都是往一个方向折的？

孩子们（集体回答）：没有。

教师：这是一个不一样的地方。

（教师归还弹簧，又拿了另一个孩子的作品）

教师：这个是小怪兽的弹簧，你们可以看一下。

芳芳：像楼梯一样。

教师：像楼梯一样一格一格的，对不对？

教师：好，都折完了吗？

孩子们（集体回答）：折完了。

教师：展示出来，我们看一下。

教师：好，我们的第一个小弹簧——单纸条的弹簧就挑战成功啦。有的小朋友做的跟我们的不太一样，因为它有两个台阶在一起，就是两条线都往同一个方向折了。所以，有点不一样。我们把这个单纸条的弹簧先放到地板上，再挑战一个双纸条的弹簧。

（一名儿童拿着自己做好的单纸条弹簧往前走）

教师：放到你座位前面的地板上。

（教师发放新材料）

教师：向你旁边的小朋友传一下。试一下。

天天：我做过双纸条的，姐姐教我的。

（有两个孩子在传纸条时出现争抢，撕断了一张纸条）

教师：旁边的小朋友传过来，没事，没关系。（教师拿走被撕断的纸条，并直接帮忙把纸条分给这边的小朋友）

教师：试一下，双纸条的弹簧应该怎么折呢？

（因为前面的一张纸条被撕断了，所以发到后来有一个孩子没有纸条）

教师（摸了摸没有纸条的小朋友的头）：稍等一下啊，我去拿一张。（教师从桌子上拿了一张纸条递给他）

教师：双纸条应该从哪里开始呢？你们可以思考一下这些虚线。

教师：我看到有一些小朋友折的弹簧不一样。

教师：布丁折了一个。我们来看一下布丁跟玉玉折的。你看布丁折的弹簧是这样子的，他的这条弹簧像什么呀？

孩子们（集体回答）：像楼梯。

教师：跟我们刚刚折的那个单纸条的弹簧是一样的，对不对？只是两个粘在一起了。但是，玉玉折的弹簧有什么不一样？

（很多儿童没有关注教师的提问，还在折自己的弹簧）

莹莹：我折完了。

教师：你也折完了，是吧？

满满：我也折完了。

教师：展开来，我们一起看一下。

教师：很多小朋友都折完了，是不是？折完的小朋友先把自己的弹簧放到地板上，我来请一位小朋友分享。请莹莹来分享一下你的这个双弹簧是怎么折出来的。你们看一下，莹莹的折法跟你们的是不是一样。

莹莹：我的这个弹簧是这样折的。（边说边示范）

教师：原来是这样子的。

教师：你们看，她折出来的效果是这样的。黄色的纸条和浅黄色的纸条交叉着往一个方向折叠。

教师：请小星星、琳琳、圆圆看一下，莹莹的折法跟你们的一样吗？

楠楠：这个格子有点歪啊。

教师：哦，有点歪。你们看，这个弹簧是一前一后包裹在一起的。但是，有的小朋友折出来的弹簧不是包裹在一起的，而是分开的。莹莹完成了吗？好，莹莹完成了，请回你的座位吧。

教师：你们看，琳琳手上拿的就是一种分开来的弹簧。琳琳，请你回座位。莹莹刚刚给我们展示的是两张纸条在一起的弹簧，这个本领是不一样的，你们要掌握它哦。小星星的两张纸条在一起吗？

教师：一会儿，我还会给你们分发纸条。你们需要想办法把两张纸条都包裹在一起变成一个弹簧。你们能不能做到呀？

教师：不能呀！那就请你们看一下老师手上的这个弹簧是怎么做的。这有一条虚线，对不对？我们往上折一下，这个紫色的也要往上折，要包裹住它。然后，这个往上折。这里有一些虚线，你们可以沿着虚线折。这个紫色呢？

孩子们（集体回答）：往上交错。

教师："往上交错"这个词用得非常好！这两个颜色的纸条交错往上。接下来的时间就交给你们自己去尝试。折好之后，你们可以把它粘到一个一次性的纸杯上面。我待会儿会提供固体胶，你们可以把纸条粘上去，还可以粘一些纽扣。也可以用黑色水彩笔，在这个一次性的纸杯上面进行创作。我很期待你们的作品啊！现在，请带上你们的纸条找个位置坐下来，进行创作。

教师：可以将已经做好的纸条粘在一次性的纸杯上面。

教师（巡视中）：乐乐，你可以再给它调整一下。

教师：这里有一些小纽扣可以用。

教师：小朋友们，你们想一下，怎么把纸条跟一次性的纸杯粘在一起，可以用什么呀？

孩子们（集体回答）：双面胶。

教师：现在，桌面上提供的是什么呀？固体胶，可以用固体胶给它粘一下。

（一名儿童如厕回来，衣服没塞好，教师帮了一下忙）

（一名儿童举起做好的作品，教师关注到，马上过来）

教师：这个做好了，是不是？（教师发现孩子做的还是不对）

教师：这样往同一个方向折，对不对？这一条往上，这一条蓝色的再往上，知道吧？你试一下。

（儿童接着自己做）

教师：往上折、往上折，稍等一下。（这个孩子折着折着又把方向弄错了）

教师（稍微有点不耐烦，提高了声音对这个孩子说）：往上，往上，往一个方向！刚刚我们是一直往这个方向折的。

（教师走到对面的孩子身边）

教师：你的弹簧可以吗？这边也是往上折，给它包裹住，两条包裹在一起。

教师：这些也可以做弹簧。

思思：我想用这些做弹簧。

教师：可以呀！

思思：好了。

教师：好，你可以把它贴在你的小纸杯上面。

教师：这也是弹簧呀。你也可以把这个贴上去。这是不是我刚刚放在这里的呀？

教师（又发现一个不会折双纸条弹簧的孩子，主要问题是方向不对，于是对这个孩子说）：往这个方向，一直往同一个方向折。对，一直往同一个方向哦。你折了一个，很棒！

教师（走到另一个孩子身边，开始示范）：刚刚你不是已经折了一个吗？要往上折，嗯，你试一下。然后，把这个紫色的再往上。

教师：哇，仁仁，你折对了！

教师：春春做的这个很好看。

教师：对，你可以自己贴这个。你可以把做好的弹簧贴在这个小纸杯上面，可以当作它的手掌或者其他东西。如果你需要，你就用；不需要，就可以不用。

教师（又发现一个遇到困难的孩子）：你想办法，能把这两个纸条变成一个弹簧吗？

丁丁：老师，我做好了。

教师：做好了，把它贴到你的小纸杯上面吧。

丁丁：是这样吗？

教师：是的。

教师（发现这个孩子还是有困难，继续上手帮忙）：往同一个方向折。

（一个孩子做好了，拿起来给教师看）

教师：哇，你这个做得很棒！（拿起来展示给其他孩子看）你们看，你们也可以在小弹簧上面画一些画，可乐就在这个小弹簧上面画了画。

可乐：我画了手掌。

教师：画了手掌，是不是？

教师：小朋友们，再给你们5分钟，然后我们一起来分享一下，好不好？

根据CLASS量表的打分标准，以上案例中情感支持领域涉及的四个维度得分情况是：积极氛围（5分），消极氛围（1分），教师敏感性（5分），关注儿童观点（5分）；班级管理领域涉及的三个维度得分情况是：行为管理（6分），管理效率（7分），教学指导形式（6分）；教学支持领域涉及的三个维度得分情况是：认知发展（4分），反馈质量（3分），语言示范（3分）。接下来，我们结合案例具体看一下每个维度的打分情况。

情感支持领域

积极氛围（5分）

这一维度（见表10.1）主要考查的是教师与儿童之间的关系，你可以问问自己：教师与儿童之间是否"同频共振"？情感上是否联结？教师和儿童彼此喜欢吗？还有哪些地方是教师可以做得更好的？

表10.1 积极氛围维度的指标

人际关系 （M）	• 身体上的接近：集体教学前半段，教师与儿童的座位距离很近，讲授时也能经常走近儿童。集体教学后半段，当儿童回到座位上操作的时候，教师能够与部分儿童进行亲密接触，但是对于在桌子左边的儿童关注不足。 • 分享活动和社会性交流：儿童开启了一个社会性对话，比如"我小时候有过那种小玩具（幻灯片上展示的玩具），最初在玩具箱里面，后来不知道跑哪儿去了。那种小小的圈（幻灯片上展示的玩具）可以套在手上，我也有"。但是，教师应该是因为不想让问题扯得太远，并没有回应这一社会性对话，只是对这一问题做出了一般性回应："哦，你们都有弹簧玩具，都见过弹簧玩具，对吧？" • 同伴支持：在集体教学过程中，很少看到同伴之间的互动。在操作环节，儿童回到自己的座位上，但是因为桌子上有隔板，所以儿童几乎没有机会相互交流。 • 匹配的情感：整个教学活动进行得很平静。在自主操作环节，有一名儿童不会用两个纸条折弹簧，看起来有点失落和不自信。教师过来教了一遍，但是当她发现儿童又折错了时，稍微有点不耐烦，提高了声音对儿童说话。
积极的情感 （M）	• 微笑：只在集体教学刚开始和小朋友们问好时，我们能够明显看到教师微笑。 • 大笑：未观察到。 • 热情：教师有时对儿童表现得很热情，比如，在指导儿童折弹簧时，面对儿童的作品会激动地说："哇，仁仁，你折对了！""春春做的这个很好看。""哇，你这个做得很棒！"教师特别为儿童感到开心和高兴，但这是偶尔出现的，大部分时候是比较平静地回答问题。

（续表）

积极交流 （H）	• 口头表达情感：教师使用积极的评语回应儿童的言行，比如，当儿童说出一个高级的词汇"往上交错"时，教师及时肯定说："'往上交错'这个词用得非常好！"又如，在操作环节，教师发现可乐做得特别好时，就跟大家说："哇，你这个做得很棒！（拿起来展示给其他孩子看）你们看，你们也可以在小弹簧上面画一些画，可乐就在这个小弹簧上面画了画。" • 通过身体行为表达情感：在操作环节，教师走到儿童身边观察每一名儿童是否遇到困难，有较多的身体接触和指导。 • 积极的期望：在自主制作前，教师对儿童说："我很期待你们的作品啊！"其他时候，说得最多的是"能不能"等。
尊重 （M）	• 目光接触：教师在对儿童讲话时，经常进行眼神接触。但是，也有不适宜的时候。比如，当其他儿童还在探索用双纸条折弹簧的时候，教师关注到有两名儿童已经完成，就开始提问："跟我们刚刚折的那个单纸条的弹簧是一样的，对不对？只是两个粘在一起了。但是，玉玉折的弹簧有什么不一样？"结果发现，大部分儿童忙着自己手边的作品，没有做出回应，也没有看老师。 • 温和、平静的语言：教师经常使用平静的语言和儿童沟通。 • 表示尊重的语言：教师经常叫儿童的名字，多次使用"请"等表示尊重的语言。同时，教师在指着儿童的时候，经常会使用手心向上的姿势。 • 合作与分享：课堂上，儿童之间会分享作品与材料。整体而言，儿童和教师都有分享的意识。当然，在分享的过程中，儿童也存在争抢的情况，比如有两名儿童在传纸条时出现争抢，撕断了一张纸条。

注："L" = Low（低）；"M" = Mid（中）；"H" = High（高）。

总体来看，这个集体活动在积极氛围维度表现出中上的水平，教师与儿童之间的交流较为平静，在某些方面能够看到教师对儿童的尊重，当然也出现了一些不适宜的情况。其中，在积极交流方面，我们能够看到教师对儿童口头上的积极肯定。所以，这个活动在这一维度属于中等水平的高分，得分为 5 分。

改进建议

（1）与能力稍弱的儿童共情。从集体教学的视频中可以看出，班级中的儿童处于不同的能力水平。比如，有一名儿童不会用双纸条折弹簧，而且对自己不自信，尽管教师再次教了还是折错了，这时候教师可以说："是不是觉得折起来有点难？没关系，老师像你这么大的时候也不会折呢。我们再来试一试，好不好？"同时，对于能力稍弱的儿童，只要他能在自己的能力水平内很好地操作，比如用单纸条折了很好看的弹簧，就值得赞赏和肯定。

（2）为儿童提供与同伴交流的机会。我们在视频中发现，儿童的桌子中间有一块透明的隔离板，建议将其拿掉，因为它减少了儿童在操作中与同伴相互交流、相互讨论和相互学习的机会。

（3）多一些微笑。集体教学前，我们发现教师的表情比较严肃，集体教学开始后，教师才有了一些微笑。多一些微笑，会让教师显得更有亲和力，也有助于他们与儿童建立积极的情感。

（4）对儿童抱有积极的期望。积极的期望可以鼓励儿童，让儿童获得更多的自信和尝试的主动性。比如，教师可以对儿童说："用双纸条折弹簧有点难度，但是老师相信你们肯定可以挑战成功！""哇，如果杯子上装上这个弹簧手，一定很漂亮！"

（5）关注所有儿童。比如，当儿童沉浸于制作自己的作品时，他们往往很难将注意力分配到其他地方。在使用双纸条的环节，教师在看到两名能力强的儿童完成作品后就进行总结，有点为时过早。教师要留意所有儿童的状态，待大部分儿童完成后再进行总结更合适。

消极氛围（1分）

此维度（见表10.2）关注的是教师的消极情感和行为。如果你认为教师的情感和行为是消极的，那么你可以问问自己：我看到了什么？我看到的行为贯穿整个观察期间还是偶尔才出现？教师的不良行为是否在不断恶化？

表 10.2 消极氛围维度的指标

消极的情感（L）	未观察到
惩罚性控制（L）	未观察到
讽刺或不尊重（L）	未观察到
严重的否定（L）	未观察到

在这个活动中，我们没有观察到教师出现与消极氛围维度有关的任何行为，因此，这个维度的得分为低水平的最低分，得分为1分。

教师敏感性（5分）

此维度（见表10.3）关注的是教师能否对儿童的需求有所意识并做出回应。这些需求可以是学习方面的，也可以是情感方面的。需要强调的是，教师的回应方式要能够促进儿童的成长。

表 10.3 教师敏感性维度的指标

意识（M）	• 对问题有预期并制订恰当的计划：教师对本次活动的重难点——折弹簧，尤其是用两张纸条折弹簧——进行了准确的把握，并对预期到的问题制订了恰当的计划，比如在纸条上画虚线以方便儿童沿着虚线折（适当降低了难度）。但是，教师的计划并不都是适宜的。比如，在教师抛出第一个问题——"这些弹簧有什么特点？"后，孩子们回答的都是自己见过或曾经拥有过的类似的弹簧玩具等与问题无关的答案，没有准确回应弹簧的特点。 • 意识到理解不足或困难：教师对班级儿童较为熟悉，了解班内不同儿童的能力水平，并关注个别能力稍弱的儿童。尤其是在儿童自主操作的环节，教师在巡视中观察那些需要帮助的儿童并到其身边进行指导。 　　但是，在讲解双纸条的折法时，教师讲解的次数不够，没有留意到部分没有理解的儿童。

（续表）

回应 （M）	• 认可情绪：未观察到。 • 提供安慰和帮助：教师有时能积极回应儿童并提供安慰与帮助。比如，在第二次传纸条时，两名儿童出现争抢，撕断了一张纸条。教师看到后，及时说"没事，没关系"，并拿走了撕断的纸条，把新的纸条给儿童。当最后一名儿童因此没有纸条时，教师摸了摸这名儿童的头，说"稍等一下啊，我去拿一张"，然后从桌子上拿了一张新的纸条递给这名儿童。 　　但是有时候，教师更关注自己的教学流程，忽略了一些遇到困难的儿童，比如只知道沿着虚线折双纸条却忽略了对折方向的儿童。 • 提供个别化支持：在儿童自主制作的环节，教师在班里巡视，帮助遇到困难的儿童，给他们提供个别化的支持。
关注问题 （H）	教师较为敏感，能够第一时间发现问题，比如当儿童在传双纸条出现争抢时及时上前提供帮助。
儿童的自在表现（H）	• 寻求支持和指导：当儿童折不好时，他们会请教教师。 • 自由参与：在自主操作环节，儿童可以自由地参与和操作。 • 承担风险：本次活动中，无论是在集体操作环节还是在自主操作环节中，儿童都非常主动，不怕失败。

在这一维度中，教师能够较好地关注儿童的问题，同时从儿童的自在表现看，我们能够感受到平时班级中的宽松氛围。但是，就"意识"和"回应"这两个指标而言，教师的表现有的适宜，有的有待改进。因此，这个活动的整体互动情况符合中等水平偏上的描述，得分为5分。

改进建议

（1）对预期的问题制订恰当的计划。比如，对于"这些弹簧有什么特点？"这一问题，儿童的答案出现偏离的情况，这与教师提供的图片有关。教师提供的是几张弹簧小人的卡通图片，导致儿童的专注点都在弹簧小人身上，而非弹簧本身。其实，提供并展示真实的弹簧，让儿童看一看、摸一摸、试一试，体验一下，这样的支架可能更方便儿童梳理和总结弹簧的特点。

（2）关注理解困难的儿童。用双纸条折弹簧是这一教学活动的一个难点。活动中，教师主要邀请做的正确的儿童演示，让其他儿童发现两名儿童折的不同之处。这样做能够在一定程度上帮助理解困难的儿童知道应该如何折双纸条弹簧，但是大多数时候儿童还是会折错。如果教师能够邀请几名做错的儿童来演示，也许能够启发那些不会做的儿童知道怎样是不对的，从而加深对如何正确折弹簧的理解。此外，在操作环节，教师也可以给理解困难的儿童提供一些帮助。

（3）在积极回应儿童的同时，认可他们的情绪。比如，当发现两名儿童争抢纸条时，教师可以说："你们都想快点拿到纸条做弹簧，对不对？老师理解你们着急的心情。撕坏了没关系，老师这里有很多这样的材料，下次小心一点就行。"

关注儿童观点（5分）

此维度（见表10.4）反映了教师在多大程度上关注儿童的想法、动机以及兴趣，体现了教师的教学是以成人为中心（成人高控），还是以儿童为中心（促进儿童独立）。

表10.4　关注儿童观点维度的指标

灵活性和儿童关注点（M）	• 展现出灵活性：活动整体上是按照教师的计划进行的。 • 结合儿童的想法：活动中，教师很少结合儿童的想法展开课程。当儿童的回应偏离自己预期的时候，教师选择忽略或者进行简单的重复。比如，当教师问弹簧有什么特点时，由于提供的支架不适宜，导致儿童的回应没在点子上，因此教师只是重复儿童的答案。 • 遵从儿童的领导：儿童能够表达自己的观点，但是这样的机会比较少，大部分时间是以教师为主导。

（续表）

支持自主和领导（H）	• 允许儿童选择：在本次活动中，尤其是在自主制作环节，教师提供了多种材料供儿童选择。但是，如果能再提供多一点选择会更好，比如在提供胶棒的同时提供双面胶，以适应具备不同能力水平的儿童。 • 允许儿童主导课堂：在集体教学中，儿童偶尔有主导课堂的机会。比如，教师邀请儿童到教师旁边展示自己的作品，讲解自己的折法。但是，这样的机会并不多。 • 让儿童承担责任：教师提供了一些机会让儿童发挥自主性，比如，在集体讲解环节，儿童有两次机会可以自由尝试折弹簧。在自主操作环节，儿童有非常多的机会自由尝试和创作。
儿童表达（M）	• 鼓励儿童交谈：在集体教学中，教师讲话占主导，但是教师会提出几个开放式问题，鼓励儿童分享自己的想法，比如，"这些弹簧有什么特点？""玉玉折的弹簧有什么不一样？" • 引导儿童的想法或观点：教师试图通过开放式问题引导儿童分享自己的看法，但是大部分时间，提出的是封闭式问题，比如，"弹簧会弹是不是？""弹簧变成脚，是吧？""都见过弹簧玩具，对吧？""你把它压下去松开时可以弹得好高，是不是？"
对行动的限制（H）	• 允许移动：教师要求儿童坐在座位上，但是没有反复提醒他们必须坐着，不能与同伴讲话。 • 不刻板：教师没有刻板地对儿童的行为提出要求。

该活动在"支持自主和领导"和"对行动的限制"这两个指标上整体表现出高水平的状态，但在"灵活性和儿童关注点"和"儿童表达"两个指标上表现为中等水平偏下的状态，因此，整体处于中等水平偏上的状态，得分为5分。

改进建议

（1）在灵活性和儿童关注点方面，对儿童的回答进行提炼或追问，结合儿童的想法开展课程。比如，当儿童回答弹簧"可以拉""也可以变成小脚"时，虽然这与教师的预期有所不同，但是教师可以将"可以拉"提炼为弹簧的特点——具有一定的延展性，也可以追问儿童哪个特点让他觉得弹簧可以变成小脚。这样的梳理总结或追问,要比简单地重复更好。又如,当一名儿童说"像蝴蝶结一样"时,教师可以追问哪里像蝴蝶结,从而获得更多有价值的信息。

(2)在集体教学中,邀请能力强的儿童和能力水平一般的儿童同时上台展示自己的作品、讲解自己的折法,可能更有助于集体发现问题,避免制作时重复出现问题。

(3)在活动中,教师应尽量多提一些开放式问题,引发儿童积极表达自己的观点。

班级管理领域

行为管理(6分)

此维度(见表10.5)关注的是教师如何使用清晰且一致的行为要求,积极主动地管理儿童,使其表现出良好的行为。

表10.5 行为管理维度的指标

清晰的行为期望(H)	• 清晰的期望:对于儿童传递纸条与完成作品后把作品放在哪里,教师表达了明确的行为期望。比如,"每人拿一张纸条,然后向旁边的小朋友传一下。""我们把这个单纸条的弹簧先放到地板上,再挑战一个双纸条的弹簧。" • 一致性:在折单纸条弹簧和双纸条弹簧时,教师无论是对于传递纸条的要求还是将折好的作品放到地板上的要求都是一致的。 • 澄清规则:在每一次操作前,教师都会澄清具体的规则。比如,"接下来的时间就交给你们自己去尝试。折好之后,你们可以把它粘到一个一次性的纸杯上面。我待会儿会提供固体胶,你们可以把纸条粘上去,还可以粘一些纽扣……"
前瞻性(H)	• 预测问题行为或避免问题行为恶化:教师预测到可能出现的问题,比如儿童在传递纸条时可能会出现一些争抢情况。 • 反应性低:对于预测到的问题做了一些准备,比如人手一份操作材料。 • 监控:教师对可能出现的问题进行了实时监控,关注传纸条时的情况。

（续表）

纠正不良 行为（H）	• 有效减少不良行为：如果儿童手中有材料，他们难免会一直摆弄。所以，当一个环节结束后，教师通过一些方式有效减少了儿童不当行为的出现。比如，教师说："我们把这个单纸条的弹簧先放到地板上，再挑战一个双纸条的弹簧。" • 关注积极行为：教师会关注儿童的积极行为，并分享给全班儿童。比如，教师说："哇，你这个做得很棒！（拿起来展示给其他孩子看）你们看，你们也可以在小弹簧上面画一些画，可乐就在这个小弹簧上面画了画。" • 使用微妙的暗示纠正行为：未观察到。 • 高效的纠正：当有的儿童拿着折好的弹簧往前走，而没有按照教师的要求放在地板上时，教师对这名儿童说："放到你座位前面的地板上。"
儿童行为 （H）	• 高频率的顺从：在整个教学活动中，儿童能够很好地遵从教师的期望。 • 很少攻击和反抗：未观察到。

行为管理维度的这四个指标都处于高水平的状态。不过，虽然儿童没有表现出攻击性行为，但是出现了争抢纸条的情况。此外，在澄清规则方面，教师可以更加清晰一些。因此，本维度处于高水平偏下的状态，得分为6。

改进建议

（1）有效预防儿童可能出现的问题行为。儿童年龄小，自我调节能力差，难免出现争抢材料的情况。对此，教师应该事先制订计划，避免问题行为出现。

（2）用更加清晰的方式澄清规则。比如，对于这段话——"接下来的时间就交给你们自己去尝试。折好之后，你们可以把它粘到一个一次性的纸杯上面。我待会儿会提供固体胶，你们可以把纸条粘上去，还可以粘一些纽扣。也可以用黑色水彩笔，在这个一次性的纸杯上面进行创作"，教师可以将其调整为："我在桌子上为大家准备了单纸条、双纸条用来折弹簧，我还准备了一次性纸杯、固体胶、纽扣、水彩笔……接下来，大家可以把折好的弹簧装到一次性纸杯上,还可以用提供的材料把这个弹簧小人装饰得富有创意……"

管理效率(7分)

此维度(见表10.6)的关键是教师安排了活动让儿童一直有事做,不会出现游荡和浪费时间的现象。

表10.6 管理效率维度的指标

使学习时间最大化(H)	• 提供活动:操作类的活动一般时间比较长,教师没有刻意停下来组织儿童集体如厕,而是允许有需要的儿童随时如厕,比如在桌子边的操作环节,有儿童如厕回来。 • 完成活动后可以选择:本片段只是截取了活动的一部分,截取部分未观察到这一行为指标。但是观察完整的视频可见,先完成操作活动的儿童可以选择自己想做的事情。 • 很少干扰:在儿童操作时,教师进行了巡视,较少打扰儿童,只有儿童出现困难时才介入。 • 有效完成管理任务:未观察到。 • 有节奏:本活动的每个环节,教师都提供了明确的活动,且各环节衔接得比较流畅。
常规(H)	• 儿童知道要做什么:活动中,儿童知道他们被期望做什么,比如折单纸条弹簧、双纸条弹簧,制作弹簧小人等。 • 清晰的指导:教师对接下来要做什么有清晰的指导,比如,"小朋友们,再给你们5分钟,然后我们一起来分享一下,好不好?" • 很少走神:儿童均专注于制作弹簧及弹簧小人,很少走神。
过渡环节(H)	本次评分观察的过渡并不是严格意义上的活动之间的过渡,而是集体教学内的过渡。 • 简明扼要:教师简明扼要地交代活动要求,比如"每人拿一张纸条,然后向旁边的小朋友传一下"。 • 明确下一步:在一个环节(折单纸条弹簧)结束后,教师明确下一步:"我们把这个单纸条的弹簧先放到地板上,再挑战一个双纸条的弹簧。" • 蕴含学习机会:未观察到。
准备(H)	• 材料准备好且易拿取:教师将活动材料准备充分,儿童人手一份,可以非常方便地拿取。 • 了解课程:教师比较熟悉整个课程的环节,对课程内容与流程了解得非常清楚。

在本时段内,教师的活动安排效率很高,因此这一维度整体评分为高水平的最高分7分。

教学指导形式(6分)

此维度(见表10.7)关注的是儿童的参与度,教师应采取多样的教学指导形式,以引发并保持儿童的学习兴趣和动机。

表10.7 教学指导形式维度的指标

有效的促进 (M)	• 教师参与:在儿童操作过程中,教师进行巡视,对做得比较好的儿童予以肯定,以引导其他儿童学习。 • 有效的提问:教师虽然在教学中问了一些现实性问题和开放式问题,比如"哪里不一样啊?""观察一下,小雨是怎么做的呀?",但也有些提问以封闭式问题为主,儿童只能简单地回答。 • 扩展儿童的参与:教师说了一些拓展儿童活动的话语,比如,拿起一个不错的作品对全班儿童说:"哇,你这个做得很棒!(拿起来展示给其他孩子看)你看,你们也可以在小弹簧上面画一些画,可乐就在这个小弹簧上面画了画。"但是,次数并不多。
形式和材料的多样性 (H)	• 听觉、视觉及运动机会的范围:教师通过多感官教学帮助儿童理解教学内容,比如,教师出示图片、视频、实物等帮助儿童了解什么是弹簧和如何折弹簧,以及用弹簧装扮出来的物品是什么样子的。 • 有趣且富有创造性的材料:教师在自主操作环节提供了多样的材料,便于挖掘儿童的创造力。 • 操作的机会:在集体教学环节,儿童有两次操作的机会;在自主操作环节,儿童有多次操作的机会。
儿童感兴趣 (H)	• 积极参与:在整个集体教学环节,大部分儿童表现出对活动和课程的兴趣,参与度比较高。 • 倾听:当他人介绍自己折弹簧的过程时,大部分儿童都在耐心地倾听。 • 集中注意力:儿童在折自己的弹簧小人时,注意力都较为集中。
对学习目标的澄清 (H)	• 先行组织者策略:教师使用了此策略,比如,在折弹簧前,教师让儿童欣赏弹簧作品的小视频。 • 总结策略:教师经常使用策略在课堂中进行总结,比如,关于弹簧的特点,教师总结说:"这就是弹簧的一个特点,当你给它一个外力时,它就收缩;外力撤掉之后,它就恢复原状。" • 重新引导式陈述:未观察到。

在活动过程中，教师在"形式和材料的多样性""儿童感兴趣""对学习目标的澄清"三个方面都做得非常不错，但是在"有效的促进"方面还有提升的空间，因此，整体处于高水平偏下的状态，得分为 6 分。

改进建议

在有效的提问方面，教师应多提开放式问题，减少封闭式问题。在活动过程中，很多时候教师只是重复儿童的答案，或者直接告诉儿童答案，没有引发儿童的多元思考或者给予儿童有效的指导。有时候，即使儿童的回答偏离了教师的预期，教师也置若罔闻，一味地按照自己的想法进行。比如，下面这段对话。

教师：观察一下，小雨是怎么做的呀？

蕾蕾：一前一后。

教师：一前一后，是不是？

磊磊：像蝴蝶结一样。

教师：有点像蝴蝶结。

教师：哎，你们看一下小雨的小弹簧发生变化了。

教师：完成了吗？你们看一下小雨做的这个小弹簧。这张纸条上面有什么呀？

孩子们（集体回答）：弹簧。

教师：有虚线，是不是？刚刚小雨是沿着这些虚线折的，她一开始是一前一后地折，但是到这个位置时，她折下去之后，有没有反过来呢？她往后面去，把刚刚折的这些弹簧都包住了，然后又往另外一个方向……最后出来的效果就是这样子的。

在上面的对话中，当儿童说出"一前一后"时，教师可以总结道："非常棒，你发现了折弹簧的时候方向变化很重要！"这样的回应是对儿童回答的提炼和引领，远比仅仅重复儿童的答案效果更好！此外，儿童之所以没有发现纸条上的虚线，是因为纸条太小。针对这种情况，在回答之前，教师可以请儿童拿起纸条观察一下，将探索的权利还给儿童。

教学支持领域

认知发展（4分）

此维度（见表10.8）关注的是儿童的高阶思维能力，而不是简单的记忆与背诵能力。

表10.8　认知发展维度的指标

分析和推理（L）	• 问有关"为什么"和"怎样"的问题：在整个活动中，教师没有提"为什么"的问题，偶尔提一下"怎样"的问题，比如，"怎么把纸条变成一个小弹簧""观察一下，小雨是怎么做的呀？" • 问题解决：教师所提的问题，更多地专注于获得一个正确的答案，而非激发儿童的思考或者学习过程。 • 预测和实验：在所评估的时间段内未观察到。 • 分类和比较：教师会比较两名儿童的弹簧折纸作品，但是比较得很浅显，点到为止。比如，下面这段对话。 　　教师：圆圆做的弹簧，跟玲玲做的弹簧一样吗？ 　　孩子们（集体回答）：不一样。 　　教师：哪里不一样啊？ 　　聪聪：有一个下面有一点弯弯的，有一个下面没有弯弯的。 　　教师：有一点弯弯的。 　　教师：你们看一下这两个地方，都是往一个方向折的，是不是？它是往里面折的，这个弹簧有没有呀？有没有相邻的两条线，都是往一个方向折的？ • 评价：未观察到。
对创造力的挖掘（M）	• 头脑风暴：教师偶尔会提出一些开放式问题，要求儿童集思广益进行回答。 • 计划：在儿童进行具体操作之前，教师提醒他们注意一定的顺序。比如，"折好之后，你们可以把它粘到一个一次性的纸杯上面。我待会儿会提供固体胶，你们可以把纸条粘上去，还可以粘一些纽扣。你还可以用黑色水彩笔，在这个一次性的纸杯上面进行创作。"

（续表）

对创造力的挖掘（M）	• 实施计划：在自主操作环节，儿童可以选取材料创作自己的弹簧小人。
融会贯通（L）	• 将不同的知识点联系起来：未观察到。 • 与先前的知识相联系：教师主要关注如何用单纸条和双纸条折出弹簧，对其他方面并不关注，所以在现场几乎没有联系儿童以前学过的知识。
与现实世界相联系（H）	• 在现实世界中的应用：在部分环节，我们能够看到教师将活动与现实生活相联系，比如拿出电话线。 • 与儿童的生活相联系：比如，儿童讲述自己制作弹簧小人的经历。

该活动在"与现实世界相联系"这个指标上表现出较高水平，但在"分析和推理""融会贯通"这两个指标上表现出低水平，在"对创造力的挖掘"这一指标上表现出中等水平。因此，该维度的整体水平为中等水平，得分为4分。

改进建议

（1）多提一些促进儿童高阶思维的问题。比如，在用双纸条折弹簧时，教师可以追问："为什么要一前一后地折？"教师甚至可以做一些错误示范，以便引导儿童发现：如果不朝着一个方向折，弹簧就可能打不开。又如，当儿童在比较两个折纸作品的不同时，指出："有一个下面有一点弯弯的，有一个下面没有弯弯的。"教师可以追问："为什么这个有点弯弯的，那个没有弯弯的？"

（2）注重知识间的融会贯通。在引导儿童了解弹簧的特点和制作弹簧时，教师应注意联系儿童的已有知识和经验，让儿童真正做到融会贯通。

反馈质量（3分）

此维度（见表10.9）关注的是教师针对儿童的话语和行为给予有效的反馈，使儿童对概念的理解得到质的升华。

表 10.9 反馈质量维度的指标

支架 （M）	• 暗示：在折单纸条的弹簧时，教师提示儿童纸条上面有虚线。在自主操作环节，教师发现一名儿童的作品很不错，就在集体面前进行了表扬，这其实也是一种很好的支架。不过，有时候教师的提示过于直接，比如告诉小雨为什么折错了，而不是追问，进而引发儿童的思考。 • 帮助：在自主操作环节，当教师发现有一名儿童不会折时，便上前进行了两次演示。在这里，帮助也过于直接。
循环反馈 （L）	• 来回交流：师幼之间只有少量来回式的反馈。在大部分交流中，教师提出一个问题，儿童给出回应，教师简单重复。如果儿童的答案离自己想要的太远，简单重复后，教师会邀请别的儿童回答，如下所示。 　　小花：它还有眼睛、嘴巴、鼻子。它就像个真正的玩具一样。 　　教师：它就像个小玩具一样。 　　教师：玲玲，弹簧会弹是不是？ 　　玲玲：它有脚。 　　教师：弹簧变成脚，是吧？好，欣欣说说看。 　　如果儿童的回答接近自己的答案，那么教师会在重复后直接给出自己的标准答案，并非追问，如下所示。 　　成成：我的那个弹簧压下去松开时可以弹得好高。 　　教师：你把它压下去松开时可以弹得好高，是不是？请你们看一下，我手上的是一根电话线，它也是一个弹簧，我一压下去，它就收缩变短了。当我松开手时，它就恢复到原来的形状了。这就是弹簧的一个特点，当你给它一个外力时，它就收缩；外力撤掉之后，它就恢复原状。 • 教师的坚持性：未观察到。 • 后续问题：未观察到。
促进思考过程 （L）	• 要求儿童解释思考过程：教师很少问"为什么"的问题，儿童很少有解释自己思路的机会。教师关注用纸条折出弹簧的方法，对儿童的思维关注较少。 • 质疑儿童的反应和行为：教师很少对儿童进行质疑，对于很多应该质疑的地方却没有质疑。比如，关于弹簧特点的问题，有的儿童说："我见过弹簧花，有圆圆的头，还有圆圆的脚，中间是弹簧身体。"这时候，教师就应该质疑"这是弹簧的特点吗？"，而不是回应"嗯，它是手工作品"。

（续表）

提供信息 （M）	• 拓展与澄清：教师主要关注用纸条折弹簧的方法，很少提供额外的信息，以拓展或澄清儿童的理解或者行为。大部分时间，教师就是重复儿童的回答，或者直接自己总结。 • 具体的反馈：教师有一些特定的反馈，如肯定儿童在装饰弹簧小人时装饰得很漂亮。
鼓励和肯定 （M）	• 认可与强化：教师能够辨认儿童做得特别棒的地方，并及时进行肯定。比如，在集体操作环节，教师通过邀请儿童展示的方式对儿童进行了肯定。 • 儿童的坚持性：未观察到。

该活动在"支架""提供信息""鼓励和肯定"指标上表现出中等水平，在"循环反馈""促进思考过程"指标上表现出低水平，因此整体属于中等水平偏低的状态，得分为3分。

改进建议

（1）向儿童提供一些适宜的支架，引导儿童发现问题和答案。比如，在提示小雨折的步骤有问题时，不应直接告诉她，而应追问："小雨的问题出在哪里？为什么？"又如，在自主操作环节，在帮助不会折弹簧的儿童时，不应直接上前进行多次演示，而应引导儿童发现问题——把儿童用错误方法折的弹簧打开，启发儿童发现如果不一直朝着同一个方向折，这个弹簧就会被包裹起来，拉不开。

（2）向儿童提供解释自己思路的机会。比如，如果儿童按照正确的方法折弹簧，那么教师可以反问："为什么不这样反过来折？"儿童通过解释不按照同一个方向折会出现什么结果，明确自己的思路。

（3）对儿童的回应进行质疑。比如，在"弹簧的特点"这一环节，很多儿童的回答都没在点子上，这时教师就应该及时指出来，通过质疑引起儿童的反思。

语言示范（3分）

此维度（见表10.10）关注的是教师通过使用刺激和促进语言发展的策略来指导儿童使用语言，并理解高级词汇的含义。

表10.10 语言示范维度的指标

频繁的对话（L）	• 来回对话：教师经常与儿童交流，但是交流只有一两个来回，而不是发展出更长的交流。 • 即时反应：看到不会折弹簧的儿童，及时指导。 • 同伴交流：儿童之间的交流几乎没有。
开放式问题（L）	• 需要更多词汇作答的问题：教师所提的问题大部分是封闭式的，只需要简单词汇、短句回答即可。 • 儿童的反应：儿童很少用复杂的语言来回答。
重复和扩展（L）	• 重复：绝大多数时候，教师只是简单重复儿童的回答。 • 扩展：教师很少对儿童的话语进行扩展，比如下面这段对话。 　教师：观察一下，小雨是怎么做的呀？ 　蕾蕾：一前一后。 　教师：一前一后，是不是？
自我对话和平行对话（H）	• 使用语言描述自己的行为：教师常常通过语言描述自己的行为，比如，"请你们看一下，我手上的是一根电话线，它也是一个弹簧，我一压下去，它就收缩变短了。当我松开手时，它就恢复到原来的形状了。" • 使用语言描述儿童的行为：教师常常通过语言来描述儿童的行为，比如，"刚刚小雨是沿着这些虚线折的，她一开始是一前一后地折，但是到这个位置时，她折下去之后……"
高级语言（M）	• 词汇的多样性：教师有时对儿童使用高级语言，比如，"这就是弹簧的一个特点，当你给它一个外力时，它就收缩；外力撒掉之后，它就恢复原状。"大多数时候，教师的词汇比较单一，尤其是在肯定儿童的时候，说得最多的是"棒"。 • 与熟悉的词汇或想法联系起来：往上交错。

该活动在"自我对话和平行对话"指标上处于高水平的状态，在"高级语言"指标上处于中等水平，但在"频繁的对话""开放式问题""重复和扩展"指标上处于低水平的状态。因此，整体来

看，该维度处于中等水平偏下的状态，得分为3分。

改进建议

（1）虽然本节活动是一次手工活动，重点在于发展儿童的精细动作能力和创造力，但仍然可以在语言示范方面做得很好，尤其是在频繁的对话、开放式问题以及重复和扩展方面。比如，教师可以追问儿童："为什么要一前一后地折？"这是一个开放式问题，既可以增加师幼之间语言交流的频率，又可以加深儿童对折法的深度思考，同时为用双纸条折弹簧做铺垫。

（2）扩展或具体化。在前文的案例中，当蕾蕾说小雨是"一前一后"地折弹簧时，教师不应该简单地重复，而应该进行扩展或具体化。比如，教师可以说："小雨先向前面对折纸条，然后再向后面对折一下，就这样一前一后地折的。"

（3）在词汇的多样性方面，教师需要加强。比如，在肯定儿童表现的时候，教师可以使用更加丰富多样的词汇，同时要更加具体化。比如，对儿童说："你不仅折的速度快，而且折的作品像真的弹簧一样可以拉开。"

案例2 快乐的修鞋匠

（背景介绍：这是一个音乐游戏的集体教学活动案例，教师引导儿童了解故事背景，认真倾听音乐并跟着图谱和音乐做出相应的动作。）

教师：来，月亮组的小朋友坐在自己的位置上，太阳组的小朋友坐到视频位，坐成一排。我要带你们玩一个好玩的音乐游戏。（表扬××知道怎么坐）

大部分儿童（比较开心）：耶！是手指游戏吗？

教师：请坐好，不是这个游戏。如果你们想玩游戏，请保持安静。来，我们认真看、认真听。（小朋友们在闲聊）

（教师带着儿童边唱儿歌，边做动作，并表扬嘟嘟）

教师（走向一名儿童，摸摸她的头）：好啦，你的衣服湿了，去外面找倩倩老师换一件衣服。

教师（继续带着儿童边唱儿歌，边做动作）：瑞瑞，请你坐到小晴旁边去，好吗？小伟（教师手心向上指着儿童），搬一张椅子过来。军军，请你赶紧过来坐好。

教师：来，请你跟我这样做。（教师把手放到腿上）

孩子们：我就跟你这样做。（孩子们把手放到腿上）

教师：我们现在做相同的游戏，请你跟我这样做。（教师把手放到头上）

孩子们：我就跟你这样做。（孩子们把手放到头上）

教师：请你跟我这样做。（教师把手放到大腿侧边）

孩子们：我就跟你这样做。（孩子们把手放到大腿侧边）

教师：请你跟我这样做。（教师把手放在肩膀上）

孩子们：我就跟你这样做。（孩子们把手放在肩膀上）

教师：请轩轩跟瑞瑞坐到这里。今天我要表扬能找到上课位的小朋友，之前老师讲过的。

闹闹：有没有盖印章？

教师：没有，盖印章是什么时候盖的呢？

部分儿童：吃完饭。

教师：吃完饭的时候就要盖印章，如果你现在没盖，就不要去了。这件事情不是老师提醒你要做的，而是你自己要提醒自己的，明白吗？来，请你坐好。（教师把静静的位置搬到旁边）

静静：我想和小光一起坐。

（教师将静静轻轻地推到位置上）

教师：请你坐好。

教师：小朋友们，早上好！（教师向孩子们鞠躬）

孩子们：老师，早上好！（孩子们向教师鞠躬）

教师：哎呀，这里还有一个空位，谁来坐呢？请轩轩和郭郭一起坐吧，你们往前一点，郭郭作为大姐姐要带一下轩轩啊。请你们猜猜，我们今天要玩一个什么好玩的活动呢？我要表扬郭郭，她知道倾听别人说话的时候要保持安静。我们今天要玩一个好玩的音乐活动，听一个好听的故事。请你们认真听听，这个音乐活动是关于什么的呢？有一只小熊，它叫泰迪，它走到大街上，看到了一个修鞋匠正在修鞋子。它走近认真一听，听到什么声音呢？

孩子们：叮叮当当。

教师：听到了好几下"叮叮当当"的声音，然后鞋子怎么样了呢？

孩子们：掉了。

教师：修鞋匠修好了鞋子，真是太棒了！所以，这个故事讲了什么呢？

孩子们：修鞋子。

教师：是的，修鞋子。今天我带来的音乐跟修鞋子有关，你们想要听一听吗？

（部分儿童点头）

教师：请你们认真听，然后跟老师一起做运动。这里还有一个好看的小视频，你们可以边看视频边做动作哦。

（教师跟着音乐做动作，大部分儿童也跟着音乐做动作）

教师：哇，有的小朋友不仅看视频，还跟老师一起做动作。这些小朋友特别棒。

（教师继续带着儿童做动作）

教师：这首歌里讲了一个什么故事呢？想不想再听一遍？

孩子们：想！

教师：我要问你们一个问题，你们猜对了，才能再听一遍。修鞋匠是怎么修鞋子的呢？

孩子们：用锤子锤。

教师：哦，用锤子锤。还有呢？我请小朋友回答。瑞瑞特别棒，他在举手回答。瑞瑞，请问修鞋匠是怎么修鞋子的？

瑞瑞（边做动作边说）：敲敲敲。

教师：敲敲敲。还有呢？斌斌，修鞋匠还怎么修鞋子？（斌斌做动作）哦，还当当当地修鞋子。整个过程中他是怎么修的？洋洋，你说。（洋洋做动作）是咚咚咚的声音啊（教师做动作）。我们再听一遍，我有一个问题，他修了几次才把鞋子修好呢？

（孩子们猜次数）

教师：有的小朋友猜一次，有的小朋友猜两次。接下来，请你们认真听，听听他到底修了几次才把鞋子修好。

（教师带着孩子们再次跟着音乐做动作）

孩子们：五次。

（有儿童在闲聊）

教师：认真听哦。刚刚有小朋友说是五次，请你们再听一遍哦。琪琪，你说修了几次？

平平：拿个娃娃来修的。（平平重复好几遍）

琪琪：四次。

教师：这四次是怎么修的呢？你可以跟我们展示一下吗？其他小朋友注意了，别的小朋友在发言的时候，你要耐心倾听。如果你想说话，你可以举手，等一下再说，明白吗？琪琪说修了四次，你们同意吗？

（有儿童说同意，有儿童说不同意）

教师：有的说修了十五次，有的说修了一百次。最后一遍，我们一边听一边数。我们这一次只听一遍音乐就可以了。

（教师跟着歌曲做动作）

教师：一、二、三、一、二、三，修好了吗？

（有的儿童说三次，有的儿童说四次）

教师：怎么还有小朋友说三次呢？刚刚我们数了几次，我们一起来数一数。"叮叮叮当当"是几次？这是一次。"叮叮叮当当"，又一次。

（教师继续做动作）

教师：是几次呢？有的小朋友说三次，有的小朋友说四次。

教师：修了四次，你们刚刚不是听了吗？！请坐好。我看看谁的坐姿最棒，能一直保持得最好。那么，他是怎么修的呢？我们一起来修。

（教师带着孩子们一起做动作）

教师：小手呢？

教师：这次，我听听你们是不是跟修鞋匠一样棒！要怎么修鞋子呢？要跟上修鞋的节奏。我来说，你们做。

（孩子们跟着教师做）

教师：来，声音不整齐，预备。（教师带着孩子们做动作）

教师：哦，这下好整齐。

教师：我们一起跟着音乐修鞋子。这次我看看谁修的鞋子跟修鞋匠一样，修得又好又漂亮。

（教师带着孩子们修鞋子）

教师：修好了吗？刚刚冰冰修得特别好，就她像一个小小的修鞋匠！你们要不要变成修鞋匠？要不要？

孩子们：要。

教师：现在，我们不放动画了，而是看一个图谱。你们跟着图谱一起修一只鞋子，请你们认真听音乐。

（教师带着孩子们一起做动作）

教师：哇，冰冰、嘟嘟、静静修的鞋子特别好，你们怎么修得这么好啊！老爷爷说他接到了一单生意，要请小朋友们帮忙修二十只鞋子,你们可以帮他吗?

孩子们:可以!

教师:要按照老爷爷修鞋子的方法,才能把鞋子修得特别好。这次老师带你们一起修一只,然后你们自己再修一只,好不好?我们再来听一遍。

(教师带着孩子们一起修鞋子)

教师:哇,好棒!好棒!

教师:修好了吗?把鞋子都给我。(教师靠近右边的孩子收鞋子)老爷爷觉得你们的鞋子修得特别棒。不过,还有几位小朋友没有修好鞋子,怎么办呢?我们要不要再一起修一修?

孩子们:要。

教师:再修一遍,我带你们一起修一只,你们自己再修一只,好不好?刚刚绪绪、斌斌和新新都学会了。没有学会的小朋友,这次一定要认真看哦。

根据CLASS量表的打分标准,以上案例中情感支持领域涉及的四个维度得分情况是:积极氛围(5分),消极氛围(2分),教师敏感性(4分),关注儿童观点(3分);班级管理领域涉及的三个维度得分情况是:行为管理(7分),管理效率(5分),教学指导形式(5分);教学支持领域涉及的三个维度得分情况是:认知发展(2分),反馈质量(4分),语言示范(3分)。接下来,我们结合案例具体看一下每个维度的具体打分情况。

情感支持领域

积极氛围(5分)

这一维度(见表10.11)主要考查的是教师与儿童之间的关系,

你可以问问自己：教师与儿童之间是否"同频共振"？情感上是否联结？教师和儿童彼此喜欢吗？还有哪些地方是教师可以做得更好的？

表 10.11　积极氛围维度的指标

人际关系（M）	• 身体上的接近：教师选择与部分儿童靠近坐着，并且教师就座的是很矮的椅子。同时，教师用双手触碰的方式请儿童把"鞋子"递给她，并摸摸儿童的头（在视频中可见）。 • 分享活动：教师在整个过程中都比较专注地参与其中。 • 同伴支持：伙伴关系整体比较和谐，出现了儿童与同伴闲聊、互相微笑的情况。 • 匹配的情感：教师有时与儿童的感情一致，有时不一致。比如，教师表扬部分儿童的动作做得很好，儿童也笑着看教师。但是有时候，教师的语气有些严厉，没有照顾到儿童的情绪。比如，不顾一名儿童的意愿，把她的位置搬到旁边，并推着她到位置上坐好。又如，当一名儿童问有没有盖印章时，教师直接给出否定回答，并告诉儿童这是他自己的事情。 • 社会性交流：未观察到。
积极的情感（M）	• 微笑：教师偶尔对着儿童微笑。 • 大笑：未观察到。 • 热情：儿童偶尔发出笑声，教师有时会用肯定和鼓励的语气对待儿童，班级的氛围有时是积极的。比如，教师看到儿童整齐地跟着音乐做动作，说："哇，好棒！好棒！"但是，教师有时对一些儿童没有表现出积极的情感。比如，当一些儿童没有说对修鞋的次数时，教师用严厉的语气说："怎么还有小朋友说三次呢？""刚刚冰冰修得特别好，就她像一个小小的修鞋匠！你们要不要变成修鞋匠？要不要？"
积极交流（H）	• 口头表达情感：教师有时给予儿童积极的情感反馈。比如，教师说："哇，冰冰、嘟嘟、静静修的鞋子特别好，你们怎么修得这么好啊！"有时，又稍微严厉一些。 • 通过身体行为表达情感：教师有时摸摸儿童的头或者碰碰儿童的手。 • 积极的期望：教师有时会表达一些积极的期望，比如，"我们今天要玩一个好玩的音乐活动，听一个好听的故事。""这次我看看谁修的鞋子跟修鞋匠一样，修得又好又漂亮。"但是，教师可以表达更多积极的期望，比如，教师希望儿童整齐地做动作，可以事先说："这次，老师希望小朋友们修鞋子时能修得又好又整齐，我们来挑战一下。"

（续表）

尊重 （M）	• 目光接触：当教师与儿童讲话时，经常保持眼神接触。 • 温和、平静的声音：教师经常使用温和、平静的声音和儿童沟通。但是，有时候，教师的语言有些严厉，比如，"吃完饭的时候就要盖印章，如果你现在没盖，就不要去了。" • 表示尊重的语言：教师经常叫儿童的名字，经常使用"请"。在和儿童打招呼的时候，教师会鞠躬。在请儿童发言的时候，教师会使用手心向上的动作。在集体教学中，偶尔会出现儿童没有互相倾听的情况，比如，教师在请琪琪回答的时候，有一名儿童重复说："拿个娃娃来修的。" • 合作与分享：未观察到。

总体来看，中等水平的描述与本班的情况和教师的行为大致相符。但是，出现了一个高水平的指标"积极交流"，所以得分是5分。

改进建议

教师可以增加更多的微笑，营造积极的班级氛围。教师也需要注意自己和儿童沟通时的语气和用词，要考虑到儿童的情感。即使儿童没有达到自己的预期，教师也要使用平和、温柔的声音与儿童交流。

改进前　教师把静静的位置搬到旁边，静静说："我想和小光一起坐。"

改进后　教师首先可以表达自己对儿童想法的理解，然后对儿童说："我知道了，我能理解你，但是小光旁边已经有小朋友了，下次请你早点搬椅子到小光身边坐，好吗？现在，我们先坐到这边。"

教师也可以表达更多积极的期望。

改进前　教师说："刚刚冰冰修得特别好，就她像一个小小的修鞋匠！你们要不要变成修鞋匠？要不要？"

改进后　教师说："我们再来一次，我希望其他的小朋友也能像冰冰一样当一个优秀的修鞋匠。"

消极氛围（2分）

此维度（见表 10.12）关注的是教师的消极情感和行为。如果你认为教师的情感和行为是消极的，那么你可以问问自己：我看到了什么？我看到的行为贯穿整个观察期间还是偶尔才出现？教师的不良行为是否在不断恶化？

表 10.12　消极氛围维度的指标

消极的情感（L）	教师和儿童没有展现出很强烈的消极情感，但是有一些温和的消极情况存在。比如，对于没盖印章的儿童想去拿印章的行为，教师的言辞有一些严厉。
惩罚性控制（L）	教师偶尔轻微地纠正儿童的座位，比如将一名不希望坐到教师指定位置上的儿童轻轻地推到座位上。
讽刺或不尊重（L）	未观察到。
严重的否定（L）	未观察到。

在这个活动中，我们观察到教师表现出了一些消极情感，对儿童进行了轻微的身体控制。因此，这个维度得分为 2 分。

改进建议

教师在与儿童交流的时候要注意自己的情绪和语气。

改进前　教师对儿童说："吃完饭的时候就要盖印章，如果你现在没盖，就不要去了。这件事情不是老师提醒你要做的，而是你自己要提醒自己的，明白吗？"

改进后　教师可以语气平和地说："现在不是盖印章的时间，等活动结束了再找老师盖印章，下次请你注意盖印章的时间，好吗？"

教师敏感性（4分）

此维度（见表 10.13）关注的是教师能否对儿童的需求有所意识并做出回应。这些需求可以是学习方面的，也可以是情感方面的。

需要强调的是，教师的回应方式要能够促进儿童的成长。

表 10.13　教师敏感性维度的指标

意识（M）	• 对问题有预期并制订恰当的计划：有时，教师能做到这一点。比如，敏感地发现一名儿童的衣服湿了，请配班教师帮她换一件衣服。有时，教师不能预期到问题。比如，在让儿童做修鞋动作的时候，没有事先告诉他们声音要整齐，而是在发现问题之后才处理。 • 意识到理解不足或困难：教师注意到了大部分儿童遇到的明显困难，比如，很多儿童不知道修鞋匠到底修了几次鞋子。但是有时，教师会忽略个别儿童的困难，比如没有注意到个别儿童不太会做修鞋的动作（视频中可以看到这一点）。
回应（M）	教师有时能对儿童做出反应，比如，当部分儿童修鞋动作做得特别好时，教师会说："哇，冰冰、嘟嘟、静静修的鞋子特别好，你们怎么修得这么好啊！"但是很多情况下，教师没有认可儿童的情绪并提供安慰和支持。比如，没有安抚一名儿童想坐到同伴身边的情绪，而是比较强势地让她坐到教师安排的位置上。
关注问题（M）	教师及时解决儿童遇到的问题，但是可能并没有采取最有效的方法。比如，在试图帮助儿童理解修鞋匠一共修了多少次鞋子时，教师错误地用了"一、二、三、一、二、三"的口令，但是因为儿童无法理解这个口令的意思，于是加深了他们的困惑。最后，教师直接告诉他们修鞋匠修了四次鞋。
儿童的自在表现（M）	大部分儿童比较积极地跟着教师做动作，表达自己的观点。比如，教师对儿童说修鞋匠一共修了四次鞋，有的儿童反驳说是三次，教师鼓励他们跟着音乐和图谱独立做动作。但是，当有些儿童没有跟着教师做动作时，教师会提醒说："小手呢？"

在教师敏感性这一维度中，教师的行为有的有效，有的无效，因此这一维度的得分是4分。

改进建议

在集体教学中，教师应该关注那些容易被忽略的儿童。比如，关注一直不会做修鞋动作的女孩，可以通过同伴互助或者单独辅导的方式帮助她跟上大家的节奏。教师也应该考虑自己帮助儿童解决问题时所采取方法的有效性，比如，在帮助大部分儿童了解修鞋匠的修鞋次数时，教师可以边做动作边明确地告诉儿童这是第一次、第二次……

关注儿童观点（3分）

此维度（见表10.14）反映了教师在多大程度上关注儿童的想法、动机以及兴趣，体现了教师的教学是以成人为中心（成人高控），还是以儿童为中心（促进儿童独立）。

表10.14 关注儿童观点维度的指标

灵活性和儿童关注点（M）	教学活动大多数时候是按照教师的计划进行的，以教师为主导，但是教学内容在一定程度上结合了儿童的兴趣，能看出儿童对这次的教学内容还是感兴趣的。同时，当发现儿童不理解一些内容时，教师会选择给予儿童较多的时间去理解。比如，当儿童不理解修鞋匠到底修了几次鞋子时，教师会重复带着他们跟着音乐做动作。不过，大部分情况下，教师更具控制性，比如，儿童要怎么做动作、做什么动作以及跟着老师做还是自己看着图谱做，都是按照教师的计划进行的。
支持自主和领导（M）	• 允许儿童选择：未观察到。 • 允许儿童主导课堂：虽然教师经常提问儿童，但教师主导课堂的现象非常明显。 • 让儿童承担责任：在活动中，教师让儿童自己跟着音乐和图谱做修鞋的动作。
儿童表达（M）	在活动中，教师讲话占主导，即使教师提出了一些开放式问题，儿童表达的机会也比较少。但是，在一定程度上，儿童确实参与了观点分享。比如，当教师问儿童修鞋匠是怎么修鞋子时，大部分儿童都能用语言结合动作进行表达。
对行动的限制（M）	教师有时控制儿童的运动及所在位置，比如规定部分儿童所坐的位置、在活动过程中要求儿童坐好和保持安静。

在这一维度中，教师的整体表现符合中等水平，但是偶尔可以观察到教师缺乏一些应有的互动策略或者表现出比较消极的互动，所以得分为3分。

改进建议

在设计课程时，教师应更多地考虑儿童的兴趣和动机，而不是让儿童进行机械化学习，比如单纯地跟着教师学做动作。教师可以设计一些环节来增加儿童的表达机会和自主性，比如，在让儿童看第一遍视频的时候，教师可以提问"这个故事讲了什么？""你们发现修鞋匠是怎么修鞋的？""你觉得这个动作表示什么？"，而不是急于让儿童边看视频边学动作。此外，在后续环节，教师可以鼓励儿童根据图谱自己创编动作。

班级管理领域

行为管理（7分）

此维度（见表 10.15）关注的是教师如何使用清晰且一致的行为要求，积极主动地管理儿童，使其表现出良好的行为。

表 10.15　行为管理维度的指标

清晰的行为期望（H）	• 清晰的期望：教师表达了对儿童的行为期望，比如，"这次我看看谁修的鞋子跟修鞋匠一样，修得又好又漂亮。" • 一致性：在活动过程中，教师对儿童的行为期望保持了一致性。比如，教师希望儿童坐好，于是在活动中一直强调儿童的坐姿。 • 澄清规则：在这方面，教师做得比较到位。比如，在活动过程中，对儿童说："其他小朋友注意了，别的小朋友在发言的时候，你要耐心倾听。如果你想说话，你可以举手，等一下再说，明白吗？"又如，当有一名儿童忘记盖印章时，教师向他强调："吃完饭的时候就要盖印章，如果你现在没盖，就不要去了。"
前瞻性（H）	教师具有一定的前瞻性，比如，当教师发现一名儿童的衣服湿了时，请配班教师帮忙换下来。
纠正不良行为（H）	教师关注儿童的积极行为，以纠正部分儿童的不当行为。比如，教师说："我要表扬郭郭，她知道倾听别人说话的时候要保持安静。" 教师也会使用微妙的暗示，比如，当发现一些儿童没有跟着一起做动作的时候，教师说："小手呢？"

儿童行为（H）	• 高频率的顺从：在整个教学活动中，儿童能够很好地遵从教师的期望。 • 很少攻击和反抗：未观察到。

因为教师在这一维度的各个指标方面都持续表现出有效的行为，所以这一维度的得分是 7 分，是高水平中的高分。

管理效率（5分）

此维度（见表 10.16）的关键是教师安排了活动让儿童一直有事做，不会出现游荡和浪费时间的现象。

表 10.16 管理效率维度的指标

使学习时间最大化（M）	教师在过渡环节给孩子们提供了一个音乐游戏，但还是浪费了一部分时间，出现了大部分儿童坐在指定位置等待个别儿童到位的情况。在集体教学环节，教师提供了明确的活动，并且教师没有让无关的言论或者问题干扰手上的任务很长时间，比如，当教师询问儿童是否同意修鞋匠修了四次鞋时，"教师：有的说修了十五次，有的说修了一百次。最后一遍，我们一边听一边数。"教师只是简单回应了这些言论，让儿童知道教师已经听到了，并且引导儿童回到课程中。
常规（M）	• 儿童知道要做什么：在教师的指导下，儿童知道接下来要做什么。 • 清晰的指导：大多数时候，教师能够提供清晰的指导。比如，教师说："来，月亮组的小朋友坐在自己的位置上，太阳组的小朋友坐到视频位，坐成一排。""要按照老爷爷修鞋子的方法，才能把鞋子修得特别好。" • 很少走神：大部分儿童都认真倾听教师的指令。
过渡环节（M）	过渡环节整体相对紧凑，教师为儿童准备了一小段音乐游戏，让他们在过渡环节也有学习的机会，同时集中了儿童的注意力，为接下来的集体课程做好准备，不过也出现了让大部分儿童等待的情况。
准备（H）	对于这堂课，教师准备得比较充分，无须看教案就知道怎么开展，对课程内容了解得比较清楚。

这一维度的大多数指标符合中等水平的行为描述，但是"准备"这一指标获得了高分，所以总体上得分属于中等水平的高分——5分。

改进建议

教师可以更充分地利用过渡环节。比如，制定一个相对稳定的日常作息时间表并介绍给儿童，然后通过在某一时间播放音乐来提醒儿童将要进入接下来的环节，减少教师反复催促儿童的次数。同时，教师应该更加关注那些准备速度比较慢的儿童，减少大部分儿童的等待时间。

教学指导形式（5分）

此维度（见表10.17）关注的是儿童的参与度，教师应采取多样的教学指导形式，以引发并保持儿童的兴趣和学习动机。

表10.17　教学指导形式维度的指标

有效的促进（M）	• 教师参与：教师投入活动中，通过一些指导和提问促进儿童跟着音乐学修鞋匠的动作。 • 有效的提问：教师有时能通过提问的方式让儿童参与活动，比如，对儿童说："请问修鞋匠是怎么修鞋子的？" • 扩展儿童的参与：教师通过带着儿童一起做修鞋匠的动作来提高儿童的参与度。但是，教师很少为儿童提供自主探索的机会。
形式和材料的多样性（H）	• 听觉、视觉及运动机会的范围：教师通过多感官教学帮助儿童理解活动内容，比如教师边播放音乐边带着儿童一起做动作。 • 有趣且富有创造性的材料：教师提供了有趣的视频动画、音乐和一些图谱。 • 操作的机会：教师给予了儿童操作的机会，比如让儿童自己按照图谱听着音乐做修鞋的动作。
儿童感兴趣（M）	在整个活动中，大部分儿童还是感兴趣的，能遵从教师的指令跟着音乐做动作，也能集中注意力听教师的讲解。不过，部分儿童出现走神、不想跟着做动作的情况。
对学习目标的澄清（H）	• 先行组织者策略：教师偶尔使用这个策略，比如，教师说："我们今天要玩一个好玩的音乐活动，听一个好听的故事。" • 总结策略：教师偶尔使用这个策略，比如，教师总结怎样才算修了一次鞋子，虽然儿童并不是很明白。

（续表）

对学习目标的澄清（H）	• 重新引导式陈述：教师偶尔使用这个策略，比如，当儿童的注意力被动画吸引而忘记做动作时，教师说："哇，有的小朋友不仅看视频，还要跟老师一起做动作。这些小朋友特别棒。"

在教学指导形式这一维度，教师的部分行为满足中等水平的描述，但是教师也偶尔表现出一些积极的互动，如"形式和材料的多样性""对学习目标的澄清"等，所以得分为 5 分。

改进建议

在进行总结时，教师应该使用有效的方法。比如，当儿童不知道修鞋匠到底修了几次鞋子时，教师可以边做动作边告诉儿童这是第一次、这是第二次……同时，教师可以利用材料给予儿童更多自主探索和创造的机会，比如鼓励儿童根据图谱创编动作。

教学支持领域

认知发展（2分）

此维度（见表 10.18）关注的是儿童的高阶思维能力，而不是简单的记忆与背诵能力。

表 10.18　认知发展维度的指标

分析和推理（M）	教师较少组织儿童进行分析和推理。不过，教师也为儿童提供了一些机会去解决问题，比如询问儿童修鞋匠到底修了几次鞋。
对创造力的挖掘（L）	教师偶尔会运用头脑风暴法，比如，问儿童："请问修鞋匠是怎么修鞋子的？"但是，教师主要关注的是让儿童学会修鞋匠的动作，而不是培养儿童的创造力以及制订计划的能力。
融会贯通（L）	未观察到。
与现实世界相联系（L）	未观察到。

在认知发展维度的四个指标中，我们观察到极少量的例子，所以属于低水平中的高分——2分。

改进建议

从分析和推理角度看，教师在带领儿童观看第一遍动画的时候，可以提问："这个故事讲了什么？""你们发现修鞋匠是怎么修鞋的？""你们觉得这个动作表示什么？"从对创造力的挖掘角度看，教师可以鼓励儿童自行创编动作。从融会贯通的角度看，当儿童问"是手指游戏吗？"的时候，教师可以和他们说说今天这个游戏和手指游戏的异同。从与现实世界相联系的角度看，因为修鞋对现在的儿童来说比较陌生，所以教师事先需要花一些时间来帮助他们了解修鞋的工作。

反馈质量（4分）

此维度（见表10.19）关注的是教师针对儿童的话语和行为给予有效的反馈，使儿童对概念的理解得到质的升华。

表10.19 反馈质量维度的指标

支架（M）	教师经常给儿童提供一些支架，比如，当发现大部分儿童还没有熟练掌握修鞋的动作时，会多次带着他们跟着音乐做动作。但是，教师忽略了个别没有学会动作的儿童。
循环反馈（M）	教师与儿童之间有时来回进行交流，比如，教师和儿童针对修鞋匠到底修了几次鞋进行了长时间的交流，并且基于儿童的回答给出了一定的回应。但是在后续的活动中，教师放弃让儿童自己纠正答案，而是直接给出正确答案。
促进思考过程（M）	教师偶尔对儿童进行质疑，比如，当儿童说出错误的修鞋次数时，教师会说："怎么还有小朋友说三次呢？"之后，带着儿童再做一遍。但是促进思考的例子比较少。
提供信息（M）	• 拓展：未观察到。 • 澄清：教师会澄清儿童做出的错误回答。 • 具体的反馈：教师给予部分儿童具体的反馈，比如表扬修鞋动作做得好的儿童。

(续表)

鼓励和肯定（H）	教师鼓励和肯定了表现良好的儿童，提高了他们的参与度。但是，教师的鼓励和肯定只针对部分儿童。

在反馈质量维度中有一些中等水平的例子，但是由于"鼓励和肯定"的指标中有一些高水平的例子，所以这一维度得到中等水平中的中分——4分。

改进建议

在集体教学中，教师应该通过持续的来回交流或给予相应的支架来帮助儿童得到正确的回应，而不是进行一次澄清性评述。

比如，教师在讲述故事背景时问儿童："听到了好几下'叮叮当当'的声音，然后鞋子怎么样了呢？"孩子们回答："掉了。"这时，教师立刻给出正确答案，而没有提供相应的反馈或支架帮助儿童得到正确答案。其实，教师可以再次追问："有没有其他小朋友有不同的想法？""接下来跟着音乐看看老师的动作，再想一想好几下叮叮当当的声音后鞋子到底怎么样了呢？"

语言示范（3分）

此维度（见表 10.20）关注的是教师通过使用刺激和促进语言发展的策略来指导儿童使用语言，并理解高级词汇的含义。

表 10.20　语言示范维度的指标

频繁的对话（M）	虽然教室里有儿童互相交流，但是教师并不鼓励这样的行为，而是强调让儿童保持安静。教师针对修鞋匠修鞋子这个话题和儿童进行了来回的交流，但是以教师讲话为主，儿童并没有表达很多自己的想法。 教师在大部分情况下都能对儿童的回答和行为做出即时回应。比如，教师问："瑞瑞，请问修鞋匠是怎么修鞋子的？"瑞瑞边做动作，边说："敲敲敲。"教师说："敲敲敲。还有呢？斌斌，修鞋匠还怎么修鞋子？（斌斌做动作）哦，还当当当地修鞋子……"

（续表）

开放式问题（M）	教师大部分的问题都只需要简短的回答，虽然教师提出了一些开放式问题，但是儿童的回答因教师所提问题的类型和课程内容而受限。比如，教师问"修鞋匠是怎么修鞋子的？"大部分儿童回答得都比较简短并辅以动作。
重复和扩展（M）	教师有时会重复或扩展儿童的回答，比如，当儿童说修鞋匠的动作是"敲敲敲"时，教师说："敲敲敲，还有呢？"
自我对话和平行对话（L）	教师较少使用自我对话和平行对话。
高级语言（L）	未观察到。

在语言示范领域的三个指标（频繁的对话、开放式问题、重复和扩展）中，我们能够观察到一些有效的互动。在另外两个指标（自我对话和平行对话、高级语言）中，我们则没有观察到。所以这一维度得到中等水平中的低分——3分。

改进建议

教师应鼓励儿童与同伴适时交流、相互学习。同时，注意词汇的丰富性，将本次活动的知识点与儿童熟悉的词汇或想法联系起来。在活动中，教师也应适当地使用平行对话，比如，教师在过渡环节表扬嘟嘟时可以说："嘟嘟真棒，嘟嘟现在把椅子搬到了指定的座位上。"

附：CLASS打分及理由说明表格

地区+幼儿园：		班级：
被观测幼儿园教师：		编码人员：
活动名称：		
活动类型：[　　]（请填写对应的字母） A. 集体教学　　B. 区角活动　　C. 户外活动　　D. 生活活动		
集体教学活动内容：[　　]（请填写对应的字母） A. 语言　B. 数学　C. 科学　D. 艺术　E. 健康（体育）　F. 社会　G 综合		

（续表）

得分情况									
积极氛围	消极氛围	教师敏感性	关注儿童观点	行为管理	管理效率	教学指导形式	认知发展	反馈质量	语言示范

积极氛围	1 2 3 4 5 6 7 得分：[　　]
人际关系	<ul><li></li><li></li><li></li><li></li><li></li></ul>
积极的情感	<ul><li></li><li></li><li></li></ul>
积极交流	<ul><li></li><li></li><li></li></ul>
尊重	<ul><li></li><li></li><li></li><li></li><li></li></ul>
打分原因	

消极氛围	1 2 3 4 5 6 7 得分：[　　]
消极的情感	<ul><li></li><li></li><li></li><li></li></ul>
惩罚性控制	<ul><li></li><li></li><li></li><li></li></ul>

（续表）

讽刺或不尊重	• • •
严重的否定	• • •
打分原因	
教师敏感性	1 2 3 4 5 6 7 得分：[ ]
意识	• •
回应	• • •
关注问题	• •
儿童的自在表现	• • •
打分原因	
关注儿童观点	1 2 3 4 5 6 7 得分：[ ]
灵活性和儿童关注点	• • •
支持自主和领导	• • •
儿童表达	• •
对行动的限制	• •
打分原因	

（续表）

行为管理	得分： 1 2 3 4 5 6 7 [ ]
清晰的行为期望	• • •
前瞻性	• • •
纠正不良行为	• • • •
儿童行为	• •
打分原因	
管理效率	得分： 1 2 3 4 5 6 7 [ ]
使学习时间最大化	• • • • •
常规	• • •
过渡环节	• • •
准备	• •
打分原因	

（续表）

教学指导形式	得分： 1 2 3 4 5 6 7 [　　]
有效的促进	• • •
形式和材料的多样性	• • •
儿童感兴趣	• • •
对学习目标的澄清	• • •
打分原因	

认知发展	得分： 1 2 3 4 5 6 7 [　　]
分析和推理	• • • •
对创造力的挖掘	• • •
融会贯通	• •
与现实世界相联系	• •
打分原因	

（续表）

反馈质量	1 2 3 4 5 6 7 得分：[ ]
支架	• •
循环反馈	• • •
促进思考过程	• •
提供信息	• • •
鼓励和肯定	• • •
打分原因	
语言示范	1 2 3 4 5 6 7 得分：[ ]
频繁的对话	• • •
开放式问题	• •
重复和扩展	• •
自我对话和平行对话	• •
高级语言	• •
打分原因	

参 考 文 献

中 文

［1］池丽萍，周丽霞，王煦，等. 基于问题的学习（PBL）在幼儿园5—6岁大班教学中的应用——一项探索性实证研究［J］. 早期教育（教科研版），2014（3）：10-14.

［2］何伊，王春燕. 权力模式主导下的师幼关系：由一个集体教学活动引发的思考［J］. 早期教育（教科研版），2018（2）：6-9.

［3］雷佩芸，钟佩珍，梁美兰，等. 常识课中让幼儿动手实验与不动手实验的效果比较试验［J］. 上海教育科研，1983（2）：39-42.

［4］许琼华. 幼儿行为管理的含义误区及策略［J］. 山东教育（幼教版），2009（10）：8-10.

［5］周星星，王灿明. 七巧板不同训练方式对幼儿创造性思维影响的实验研究［J］. 教育测量与评价（理论版），2014（5）：47-51.

英 文

［1］ARLIN M. Teacher transitions can disrupt time flow in classrooms［J］. American educational research journal, 1979, 16（1）：42-56.

［2］BRYAN C J, MASTER A, WALTON G M. "Helping" versus "being a helper": invoking the self to increase helping in young children［J］. Child development, 2014, 85（5）：1836-1842.

［3］CADIMA J, DOUMEN S, VERSCHUEREN K, et al. Child engagement in the transition to school: contributions of self-regulation, teacher-child relationships and classroom climate［J］. Early childhood research quarterly, 2015, 32：1-12.

［4］CHEN J Q, MCCRAY J. The what, how, and why of effective teacher professional development in early mathematics education［J］. NHSA Dialog, 2012, 15（1）：113-121.

［5］CHRISTINE C. Classroom interaction in science: teacher questioning and feedback to students' responses [J]. International journal of science education, 2006, 28 (11): 1315-1346.

[6] COHRSSEN C, CHURCH A, TAYLER C. Purposeful pauses: teacher talk during early childhood mathematics activities [J]. International journal of early years Education, 2014, 22 (2): 169-183.

[7] COOK L J. Understanding play as a powerful tool to enable learning: a review of einstein never used flashcards [J]. Delta kappa gamma Bulletin, 2013, 80 (1): 34.

[8] DENG T, HU B, WANG C, et al. Chinese preschool teachers' use of concept development strategies in whole-group math lessons and its effectiveness [J]. Early education and development, 2022 (4): 1-20.

[9] DIX T, STEWART A D, GERSHOFF E T, et al. Autonomy and children's reactions to being controlled: evidence that both compliance and defiance may be positive markers in early development [J]. Child development, 2007, 78 (4): 1204-1221.

[10] ELEK C, PAGE J. Critical features of effective coaching for early childhood educators: a review of empirical research literature [J]. Professional development in education, 2019, 45 (4): 567-585.

[11] FANG J, HU B, SU Y, et al. Analysis of Chinese preschool teachers' behavior management strategies during routine care activities [J]. Early childhood education journal, 2023, 51: 811-826.

[12] FISHER K R, HIRSH-PSSEK K, NEWCOMBE N, et al. Taking shape: supporting preschoolers' acquisition of geometric knowledge through guided play [J]. Child development, 2013, 84 (6): 1872-1878.

[13] FUKKINK R G, LONT A. Does training matter? a meta-analysis and review of caregiver training studies [J]. Early childhood research quarterly, 2007, 22 (3): 294-311.

[14] FYFE E R, RITTLE JOHNSON B. Mathematics practice without feedback: a desirable difficulty in a classroom setting [J]. Instructional science, 2017, 45 (2): 177-194.

[15] GOOD T L, GROUWS D A, BECKERMAN T M. Curriculum pacing: some empirical data in mathematics [J]. Journal of curriculum studies, 1978, 10 (1): 75-83.

[16] HECKMAN J, PINTO R, SAVELYEV P. Understanding the mechanisms through which an influential early childhood program boosted adult outcomes [J]. American economic review, 2013, 103（6）: 2052-86.

[17] HINDMAN A H, SNELL E K, WASIK, et al. Research and practice partnerships for professional development in early childhood: lessons from ExCELL-e [J]. Journal of education for students placed at risk, 2015, 20（1-2）: 12-28.

[18] HSIN C T, WU H K. Using scaffolding strategies to promote young children's scientific understandings of floating and sinking [J]. Journal of science education and technology, 2011, 20（5）: 656-666.

[19] HU B, FAN X, GU C, et al. Applicability of the Classroom Assessment Scoring System in Chinese preschools based on psychometric evidence [J]. Early education and development, 2016, 27（5）: 714-734.

[20] HU B, GUAN L, LI Y, et al. Feedback matters: examining the use of feedback strategies by Chinese preschool teachers in science lessons [J]. Early childhood education journal, 2021, 50: 1355-1371.

[21] HU B, GUAN L, LOCASALE-CROUCH J, et al. Effects of MMCI Course and Coaching on Pre-service ECE teachers' beliefs, knowledge, and skill [J]. Early childhood research quarterly, 2022, 61: 58-69.

[22] HU B, GUAN L, YE F, et al. Chinese preschool teachers' use of concept development strategies to elicit children's higher-order thinking during whole-group science teaching [J]. Early education and development, 2023, 34（6）: 1376-1397.

[23] HU B, LI Y, ZHANG X, et al. The quality of teacher feedback matters: examining Chinese teachers' use of feedback strategies in preschool math lessons [J]. Teaching and teacher education, 2021, 98: 1-14.

[24] HU B, REN J, LOCASALE-CROUCH J, et al. Chinese kindergarten teachers' use of instructional strategies during whole-group language lessons [J]. Teaching and teacher education, 2018, 70: 34-46.

[25] HU B, SU Y, LIU X, et al. Examining coaching skills development during preservice teachers'（PST's）internship [J]. Early childhood education journal, 2022, 51: 939-953.

[26] JABLON J, DOMBRO A, JOHNSEN S. Coaching with powerful

interactions: a guide for partnering with early childhood teachers [M]. Washington, DC: NAEYC, 2016.

[27] KOCHANSKA G. Toward a synthesis of parental socialization and child temperament in early development of conscience [J]. Child development, 1993, 64 (2): 325-347.

[28] KOCHANSKA G, AKSAN N. Mother-child mutually positive affect, the quality of child compliance to requests and prohibitions, and maternal control as correlates of early internalization [J]. Child development, 1995, 66 (1): 236-254.

[29] KRAFT M A, BLAZAR D, HOGAN D. The effect of teacher coaching on instruction and achievement: a meta-analysis of the causal evidence [R]. Providence, RI: Brown University, 2016.

[30] KUCZYNSKI L. Paper Presented at the Biennial Meeting of the Society for Research in Child Development, April 18-20, 1991 [C]. Seattle: ERIC, 1991.

[31] KUCZYNSKI L, KOCHANSKA G. Development of children's noncompliance strategies from toddlerhood to age 5 [J]. Developmental psychology, 1990, 26 (3): 398.

[32] LEVINE D, PACE A, LUO R, et al. Evaluating socioeconomic gaps in preschoolers' vocabulary, syntax and language process skills with the Quick Interactive Language Screener (QUILS) [J]. Early childhood research quarterly, 2020, 50: 114-128.

[33] MACCOBY E E, MARTIN J A. Socialization in the context of the family: parent-child interaction [J]. Handbook of child psychology, 1983, 4: 1-101.

[34] MARKUSSEN-BROWN J, JUHL C B, PIASTA S B, et al. The effects of language-and literacy-focused professional development on early educators and children: a best-evidence meta-analysis [J]. Early childhood research quarterly, 2017, 38: 97-115.

[35] PIANTA R C, LA PARO K, HAMRE B K. Classroom Assessment Scoring System (CLASS) manual [M]. Baltimore, MD: Brookes Publishing, 2008.

[36] RITZ M, NOLTEMEYER A, DAVIS D, et al. Behavior management in preschool classrooms: insights revealed through systematic observation and

interview [J]. Psychology in the schools, 2014, 51 (2): 181-197.

[37] RODD J. Understanding young children's behavior: a guide for early childhood professionals [M]. New York: Teachers College Press, 1996.

[38] ROORDA D L, KOOMEN H M, SPILT J L, et al. The influence of affective teacher-student relationships on students' school engagement and achievement: a meta-analytic approach [J]. Review of educational research, 2011, 81 (4): 493-529.

[39] RUSTON H P, SCHWANENFLUGEL P J. Effects of a conversation intervention on the expressive vocabulary development of prekindergarten children [J]. Language speech and hearing services in schools, 2010, 41 (3): 303-313.

[40] SCHMUCK R A. Helping teachers improve classroom group processes [J]. The journal of applied behavioral science, 1968, 4 (4): 401-435.

[41] WASIK B A, BOND M A, HINDMAN A. The effects of a language and literacy intervention on Head Start children and teachers [J]. Journal of educational psychology, 2006, 98 (1): 63-74.

[42] Wilson L W, Krathwohl D R. A taxonomy for learning, teaching, and assessing: a revision of Bloom's Taxonomy of Educational Objectives [M]. New York: Pearson, 2001.

[43] WU Z, HU B, FAN X, et al. The associations between social skills and teacher-child relationships: a longitudinal study among Chinese preschool children [J]. Children and youth services review, 2018, 88: 582-590.

[44] YANG W, HUANG R, SU Y, et al. Coaching early childhood teachers: a systematic review of its effects on teacher instruction and child development [J]. Review of education, 2022, 10 (1): 1-43.

学前教育类书目

书号	书名	著、译者	定价(元)
幼儿园教师专业成长指导			
2547	认识婴幼儿的游戏图式	张晖 等 译	48.00
2113	做会沟通的幼儿教师	胡剑红 等 主编	38.00
2236	幼儿园文案撰写规范与技巧	刘敏 等 著	52.00
2311	幼儿园探究性环境创设（四色）	康丹 等 译	48.00
2056	小脑袋，大问题（四色）	孟晨 译	48.00
2309	破解幼儿园教师的90个工作难题	杜长娥 徐钧 主编	52.00
2112	幼儿园优质教研活动设计方案	朱清 等 著	38.00
1781	给青年幼儿教师的建议	吴邵萍 著	40.00
8470	答新手幼儿教师120问	刘洪霞 主编	28.00
1798	幼儿园新手教师指导手册	王芳 等 著	48.00
1783	从新手到骨干——幼儿教师专业成长故事	尹坚勤 编著	42.00
1780	幼儿教师追求幸福的方法	余胜兰 著	42.00
9111	做个幸福快乐的幼儿教师——为你的专业成长支招	莫源秋 著	28.00

9047	幼儿教师临场应变技巧60例	冯伟群 著	25.00
8930	幼儿教师易犯的150个错误	伍香平 编著	32.00
0070	幼儿教师必知的礼仪规范	向多佳 编著	38.00
9611	幼儿园教师必知的60条教育政策与法规	洪秀敏 编著	34.00
幼儿园教师专业成长指导系列合计			681.00
幼儿园教师教学技能与活动指导			
2727	从头到脚玩绘本（全彩）	董旭花 张海豫 主编	78.00
2253	理解儿童心理从绘画开始（全彩）	陈侃 著	38.00
0760	幼儿园备课·说课·听课·评课	俞春晓 等 著	42.00
9499	幼儿教师必须修炼的10项教学技能	俞春晓 著	25.00
9454	幼儿园教学诊断技巧与对策58例	王春燕 等 著	38.00
3851	幼儿园综合主题活动 ——设计技巧与优秀案例（第二版）	周立莉 赵旭莹 主编	66.00
1235	幼儿园绘本美术活动创意设计（全彩）	郭莉萍 赵福云 主编	68.00
9323	幼儿园美术活动创意设计（全彩）	罗梅 赵福云 主编	56.00
0180	给幼儿教师和家长的81条美术教育建议（全彩）	李力加 著	62.00
9150	幼儿园节日活动精彩设计方案	刘洪霞 主编	35.00
9590	幼儿园语言活动创新设计	郭咏梅 著	32.00

……
欲了解更多图书信息，请登录：www.wqedu.com
联系地址：北京市西城区三里河路6号院2号楼213室　万千教育
咨询电话：010-65181109，65262933

*本目录定价如有错误或变动，以实际出书为准。